职业教育财经类专业教学用书

会计模拟实训
（第2版）

朱 烨 韩 洁 主编

电子工业出版社
Publishing House of Electronics Industry
北京·BEIJING

内 容 简 介

本书主要内容包括公司注册、会计书写技能、原始凭证的填制和审核、记账凭证的填制和审核、账簿的登记、会计报表的编制、综合实训。本书以就业为导向，以能力为核心，突出实用性和操作性。本书在编排上采用项目教学法，将学生应掌握的会计岗位的基本技能分为若干模块，教学中可根据具体情况，结合会计岗位的实际需要，选择与之对应的模块组织实训；在教学方式上注重学生岗位能力的培养，突出"做中教、做中学"，力求在实训中掌握技能，在快乐中学习知识。

本书可作为职业院校会计专业教学用书，也可作为会计专业在职人员培训用书。

未经许可，不得以任何方式复制或抄袭本书之部分或全部内容。
版权所有，侵权必究。

图书在版编目（CIP）数据

会计模拟实训 / 朱烨，韩洁主编. —2版. —北京：电子工业出版社，2018.11
ISBN 978-7-121-35532-5

Ⅰ. ①会… Ⅱ. ①朱… ②韩… Ⅲ. ①会计学－中等专业学校－教材 Ⅳ. ①F230

中国版本图书馆 CIP 数据核字（2018）第 259538 号

策划编辑：徐　玲
责任编辑：王凌燕
印　　刷：北京盛通数码印刷有限公司
装　　订：北京盛通数码印刷有限公司
出版发行：电子工业出版社
　　　　　北京市海淀区万寿路 173 信箱　邮编 100036
开　　本：787×1092　1/16　印张：14　字数：358.4 千字
版　　次：2013 年 8 月第 1 版
　　　　　2018 年 11 月第 2 版
印　　次：2025 年 8 月第 10 次印刷
定　　价：32.00 元

凡所购买电子工业出版社图书有缺损问题，请向购买书店调换。若书店售缺，请与本社发行部联系，联系及邮购电话：（010）88254888，88258888。

质量投诉请发邮件至 zlts@phei.com.cn，盗版侵权举报请发邮件至 dbqq@phei.com.cn。
本书咨询联系方式：xuling@phei.com.cn。

前 言

会计专业是规范性和实践操作性很强的专业,要求学生既要掌握一定的专业理论知识,更要掌握实际工作所需要的专业技能。本书努力践行"做中教,做中学,学做合一"的职业教育教学理念,突出实用性和可操作性,以会计基本理论知识为基础,对会计凭证、会计账簿、会计报表等环节进行分模块会计技能实训,并通过模拟一个企业的经济业务进行综合实训,由浅入深,由简到难,使学生全面了解和掌握岗位技能。

《会计模拟实训》使用情况较好,经受了教学实践的检验。2016 年 5 月 1 日开始我国全面实行"营改增",不再对服务业征收增值税,与之相应相关企业经济业务的会计核算会发生变化;2019 年,我国又加大增值税减税力度,重点降低制造业和小微企业税收负担。因此,根据教学实际需要对本书进行了修订,并根据教材使用中一线教师的教学反馈对书中的内容进行了及时修订。

《会计模拟实训(第 2 版)》继续采取分阶段的模块训练和综合训练相结合的方式,每个模块都设有实训要求、实训目标、实训指导、实训资料四个部分,既方便学生在教师指导下开展实训练习,又可以对理论知识进行深入的复习,做到理论实践相互贯通。本书中出现的单位名称、经办人员姓名和各种印章等,都是编者根据实训内容进行设计的,与任何个人或单位无关。

本课程总学时为 55 学时,各单元学时分配见下表(仅供参考)。

学时分配建议表

序 号	课 程 内 容	课 时
1	模块一 公司注册	1
2	模块二 会计书写技能	2
3	模块三 原始凭证的填制和审核	6
4	模块四 记账凭证的填制和审核	4
5	模块五 账簿的登记	8
6	模块六 会计报表的编制	4
7	模块七 综合实训一	10
8	模块八 综合实训二	20
总计		55

本书由郑州市经济贸易学校朱烨、韩洁任主编。参与编写的有:孙鹏(郑州市经济贸易

学校)、邢艳辉(郑州市财贸学校)、张瑶(郑州市信息技术学校)、成锦(郑州市经济贸易学校)、高春霞(郑州财经技师学院)、赵萍(洛阳天诚会计师事务所)。在本书的编写过程中,参考了许多权威著作,并得到业内许多专家学者的大力支持,河南经贸职业学院侯丽萍教授提出了大量宝贵意见,在此一并致谢!

由于编者的水平有限,本书错误和疏漏在所难免,敬请广大读者批评指正。

编 者

目 录

模块一　公司注册 1

模块二　会计书写技能 7
　　任务一　阿拉伯数字的书写 8
　　任务二　文字的书写 10

模块三　原始凭证的填制和审核 13
　　任务一　原始凭证的填制 14
　　　　实训 1　现金支票的填制 14
　　　　实训 2　转账支票的填制 17
　　　　实训 3　银行进账单的填制 19
　　　　实训 4　收据的填制 22
　　　　实训 5　借款单的填制 23
　　　　实训 6　差旅费报销单的填制 24
　　　　实训 7　增值税专用发票的填制 27
　　　　实训 8　材料入库单的填制 30
　　　　实训 9　出库单的填制 32
　　　　实训 10　现金缴款单的填制 33
　　任务二　审核原始凭证 35

模块四　记账凭证的填制和审核 38
　　任务一　填制记账凭证 39
　　任务二　审核记账凭证 45
　　任务三　记账凭证的整理装订 49

模块五　账簿的建立和登记 52
　　任务一　账簿的建立 53
　　任务二　账簿的登记 55
　　　　实训 1　日记账的登记 55
　　　　实训 2　总分类账的登记 63
　　　　实训 3　明细分类账的登记 64
　　任务三　错账的更正 68
　　任务四　对账与结账 75
　　　　实训 1　对账 75

　　　　实训 2　结账 82

模块六　会计报表的编制 84
　　　任务一　资产负债表的编制 85
　　　任务二　利润表的编制 87

模块七　综合实训一 91

模块八　综合实训二 95

附录 A　综合实训一原始凭证 103

附录 B　综合实训二原始凭证 141

模块一

公司注册

实训要求

经营者到管理部门注册成立公司,取得法律许可,是开始经营的第一步。通过本模块实训,使学生了解公司注册的流程。

2016年7月5日，国务院办公厅印发《关于加快推进"五证合一、一照一码"登记制度改革的通知》。从 2016 年 10 月 1 日起，"五证合一、一照一码"登记制度改革在全国范围内全面落地实施，如图 1-1 所示。

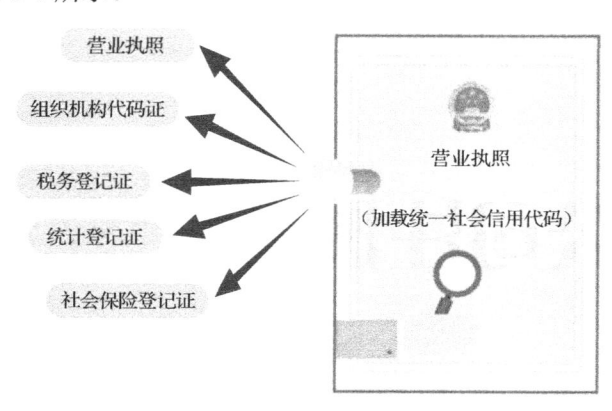

图 1-1

"五证合一（见图 1-2）、一照一码"，即将营业执照的注册号、组织机构代码证号、税务登记证号、统计证号及社保登记证号统一为一个登记码，由工商部门核发一个加载统一社会信用代码的营业执照，即"一照一码"营业执照。"一照一码"营业执照就好比企业的"身份证"，企业凭执照可以在政府机关、金融、保险机构等部门证明其主体身份，办理刻章、纳税、开户、社保等事务，相关部门都予以认可，且全国通用。

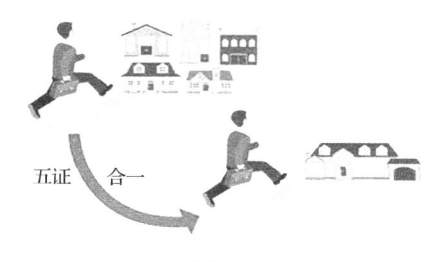

图 1-2

"五证合一"登记制度极大地提高了公司注册办理效率，便于经营者创业。现在，经营者要注册成立公司需要经历以下六个环节。

1. 公司名称核准

时间：一个工作日。

地点：当地工商局。

步骤：

第一步，在当地工商局领取并填写《企业名称预先核准申请书》。

第二步，递交《企业名称预先核准申请书》、投资人身份证、备用名称若干及相关材料，等待名称核准结果。

第三步，领取《企业名称预先核准通知书》。

所需材料：

（1）全体股东身份证原件及复印件。

（2）法人股东提交加盖公章的营业执照（见图1-3）复印件。

（3）公司全体股东授权的委托人身份证原件及复印件。

图 1-3

2．办理营业执照

时间：七个工作日。

地点：当地工商局。

步骤：到工商局领取公司设立登记的各种表格，包括公司设立登记申请表、股东（发起人）名单、董事经理监理情况、法人代表登记表、指定代表或委托代理人登记表，填好后连同核名通知、公司章程、房租合同一起交给工商局。

所需材料：

（1）公司设立登记申请表。

（2）股东（发起人）名单。

（3）董事经理监事情况。

（4）法人代表登记表。

（5）指定代表或委托代理人登记表。

（6）核名通知原件。

（7）公司章程。

（8）房租合同。

3．刻章

时间：三个工作日。

地点：公安局指定刻章地点。

步骤：凭营业执照到公安局指定的刻章地点去刻公章、法人章、财务章、发票专用章、合同专用章，如图表 1-4 所示。

所需材料：

（1）营业执照副本原件及复印件。

（2）法人身份证原件及复印件。

（3）经办人身份证原件及复印件。

图 1-4

4．办理税务登记

时间：一个工作日。

地点：税务局。

步骤：领取执照后，30 日内到当地税务局进行税务登记（见图 1-5）。办理税务登记时，必须有一个会计人员，因为税务局要求提交的资料中有一项是会计人员的会计资格证和身份证。

所需材料：

（1）营业执照原件及复印件。

（2）公司章程。

（3）房屋租赁合同。

（4）股东身份证原件及复印件。

（5）会计人员的会计证原件和身份证原件及复印件。

图 1-5

5．开立基本户

时间：七个工作日。

地点：银行。

步骤：凭营业执照去银行开立基本账号。开立基本户需要填很多表，最好把能带齐的东西全部带上，包括营业执照正副本原件、法人身份证、公章、财务章、法人章。

基本户开户许可证如图1-6所示。

所需材料：

（1）营业执照正本原件及复印件。

（2）法人、股东身份证原件及复印件。

（3）公章、财务章、法人章。

（4）代理人身份证原件和复印件。

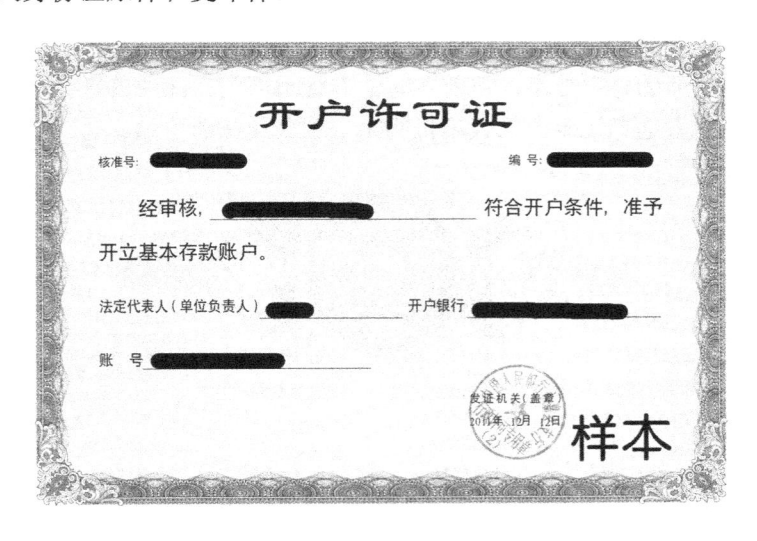

图1-6

6．申领发票，开始实际经营

时间：一个工作日。

地点：当地税务局。

步骤：由企业向所在当地税务局申请，办税人员本人和公司财务负责人员同去税务部门，第一次领发票须法人签字，即需要法人同去税务部门。发票样本如图1-7所示。

所需材料：

（1）公章、法人章、发票专用章。

（2）营业执照原件及复印件。

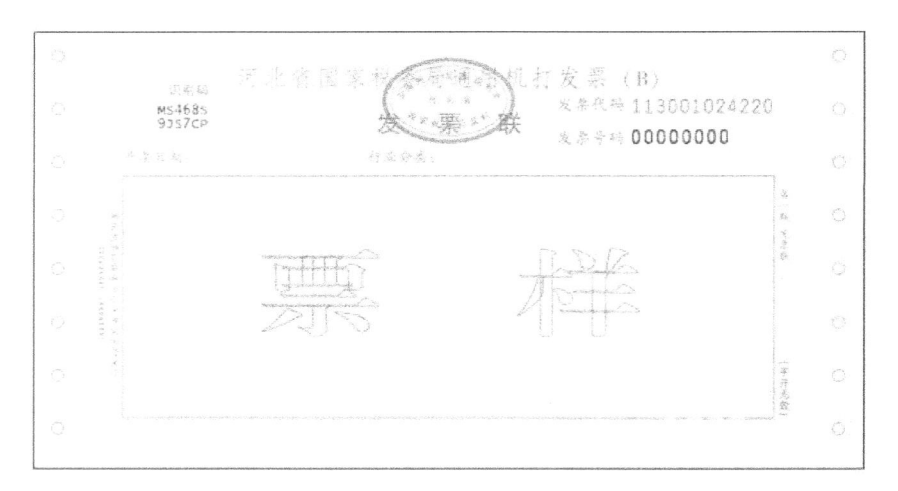

图 1-7

为了提高公司注册的办理效率，目前，有地方管理部门在注册的部分环节上开通了网上办理，也有许多经营者选择让专业的代理机构来办理公司注册手续。

模块二

会计书写技能

实训要求

正确规范的书写是会计的基本技能。财经工作常用的数字有两种：一种是阿拉伯数字，另一种是中文大写数字。通常将用阿拉伯数字表示的金额数字简称为"小写金额"，用中文大写数字表示的金额数字简称为"大写金额"。通过本模块实训，使学生做到正确、规范、清晰、整洁、美观地进行财会数字的书写。

任务一　阿拉伯数字的书写

实训目标

通过对阿拉伯数字的专项练习，做到正确地读、写数字，为正确、规范、快速地填制凭证、账簿、报表奠定基础。

实训指导

在有金额分位格的账表凭证上，阿拉伯数字的书写有特定的要求，如图 2-1 所示。

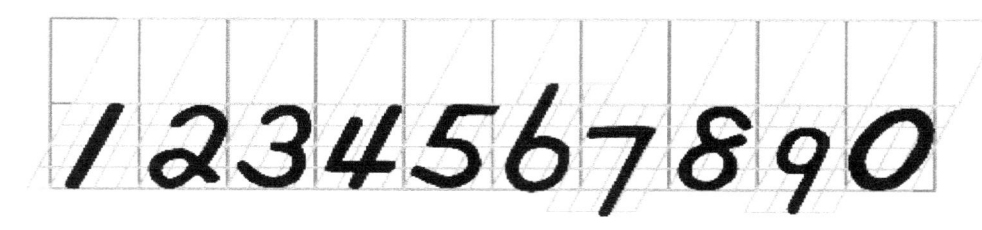

图 2-1

（1）书写数字应由高位到低位，从左至右，不可潦草、模棱两可，不得连笔写。

（2）账表凭证上书写的阿拉伯数字应使用斜体，斜度大约 60°。

（3）数字高度约占账表、凭证金额分位格的二分之一至三分之二。

（4）除"7"和"9"上低下半格的四分之一、下伸次行上半格的四分之一处外，其他数字都要靠在底线上书写，不得悬空。

（5）"0" 要写成椭圆形，下笔要由右上角按逆时针方向划出。

（6）"1"的下端应紧靠分位格的左下角。

（7）"4"的顶部不封口，写"∠"时应上抵中线，下至下半格的四分之一处，中竖斜度应为 60°。

（8）"6"的上半部分应斜伸出上半格的四分之一的高度。

（9）写"8"时，上边要稍小，下边应稍大，注意起笔应写成斜"S"形，终笔与起笔交接处应成菱角。

（10）同行的相邻数字之间要空出半个阿拉伯数字的位置。

（11）如果没有账格线，数字书写时要同数位对齐书写。

（12）数字书写的整数部分，由左至右按"三位一节"用分节号"，"分开或空一个位置，便于读数和汇总计算。

实训资料

（1）阿拉伯数字书写练习

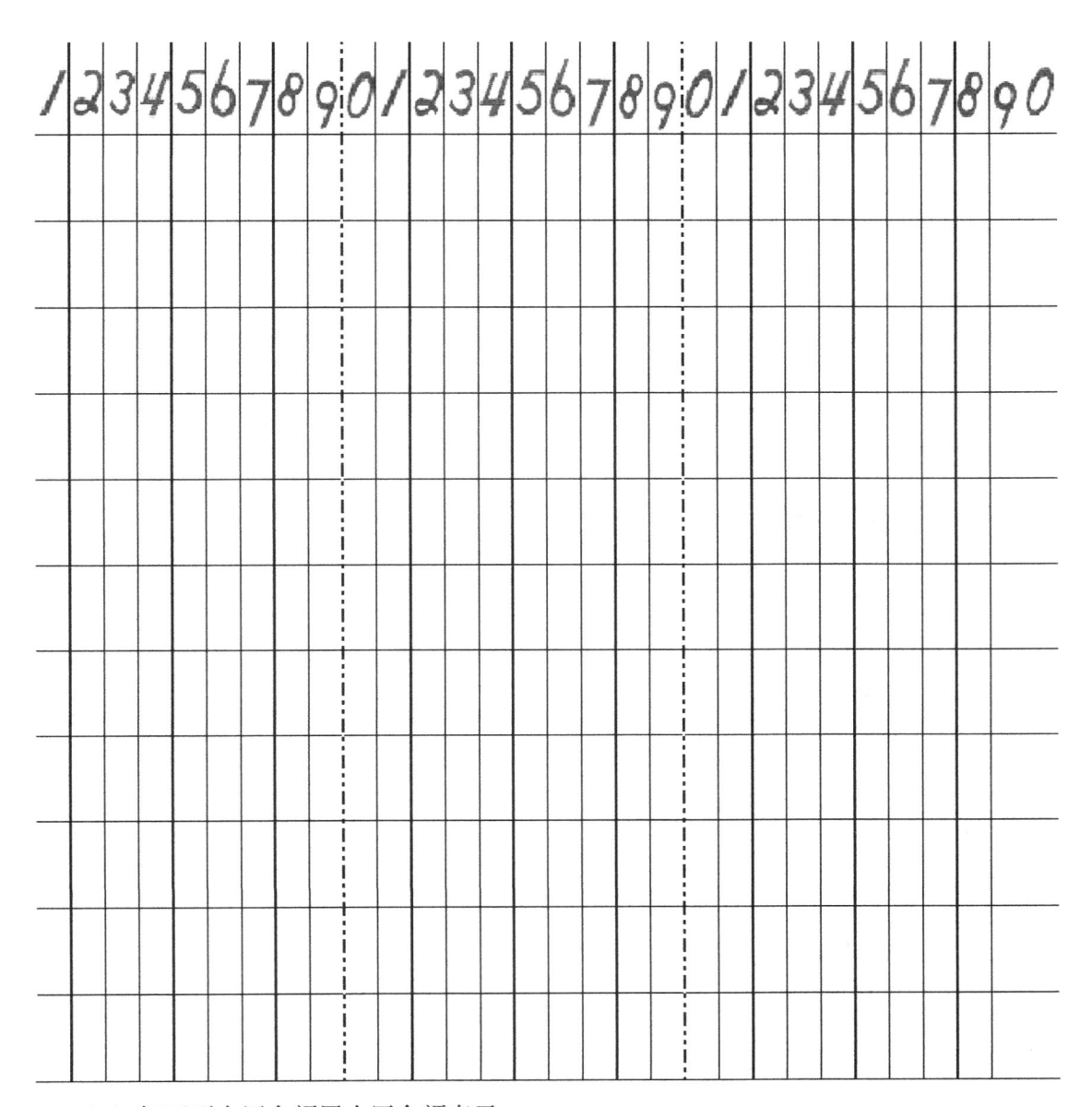

123456789012345678901234567890

(2) 把下列大写金额用小写金额表示。

① 人民币捌佰肆拾柒元陆角贰分　　　¥
② 人民币柒拾元零叁角整　　　　　　¥
③ 人民币壹拾伍元整　　　　　　　　¥
④ 人民币玖万元整　　　　　　　　　¥
⑤ 人民币壹拾亿元整　　　　　　　　¥
⑥ 人民币陆拾叁元零柒分　　　　　　¥
⑦ 人民币肆元伍角玖分　　　　　　　¥

⑧ 人民币贰角柒分　　　　　　　　　　　¥
⑨ 人民币陆仟零捌拾贰元玖角捌分　　　　¥
⑩ 人民币捌拾元壹角伍分　　　　　　　　¥

（3）读出数字，并写在以下表格中。

¥89 653.70										¥60 743.82										¥9 001.26									
千	百	十	万	千	百	十	元	角	分	千	百	十	万	千	百	十	元	角	分	千	百	十	万	千	百	十	元	角	分

任务二　文字的书写

实训目标

通过对中文大写数字的专项练习，做到正确地读写大写数字金额，为快速、正确、规范地书写凭证、账簿、报表奠定基础。

实训指导

1. **用正楷字体或行书字体书写**

不得任意自造简化字。大写金额数字到元或角为止的，在"元"或"角"字之后应当写"整"字或"正"字；大写金额数字有分的，分字后面不写"整"或"正"字。

2. **"人民币"与数字之间不得留有空位**

有固定格式的重要凭证，大写金额栏一般都印有"人民币"字样，书写时，金额数字应紧接在"人民币"字样后面，在"人民币"与大写金额数字之间不得留有空位。大写金额栏没有印有"人民币"字样的，应在大写金额数字前填写"人民币"三字。

3. **有关"零"的写法**

通常在填写重要凭证时，为了增强金额数字的准确性和可靠性，需要同时书写小写金额和大写金额，且二者必须相符。当小写金额数字中有"0"时，大写金额的书写方式要看"0"所在的位置。

（1）金额数字尾部的"0"，无论有一个还是有连续几个，大写金额写到非零数位后，用一个"整（正）"字结束，都不需用"零"来表示。例如，"¥5.60"，大写金额数字应写成"人民币伍元陆角整"；又如，"¥400.00"，应写成"人民币肆佰元整"。

（2）小写金额数字中间有"0"时，大写金额数字应按照汉语语言规律、金额数字构成和防止涂改的要求进行书写。举例说明如下。

① 小写金额数字中间只有一个"0"时，大写金额数字要写成"零"字。例如，"¥306.79"，大写金额应写成"人民币叁佰零陆元柒角玖分"。

② 小写金额数字中间连续有几个"0"时，大写金额数字可以只写一个"零"字。例如，"¥9 008.36"，大写金额应写成"人民币玖仟零捌元叁角陆分"。

③ 小写金额数字元位是"0"，或者数字中间连续有几个"0"，元位也是"0"，但角位不是"0"时，大写金额数字中间可以只写一个"零"，也可以不写"零"。例如，"¥3 480.40"，大写金额应写成"人民币叁仟肆佰捌拾元零肆角整"，或者写成"人民币叁仟肆佰捌拾元肆角整"；又如，"¥920 000.16"，大写金额应写成"人民币玖拾贰万元零壹角陆分"，或者写成"人民币玖拾贰万元壹角陆分"。

④ 小写金额数字角位是"0"而分位不是"0"时，大写金额"元"字后必须写"零"字。例如，"¥637.09"，大写金额应写成"人民币陆佰叁拾柒元零玖分"。

4."壹"开头的别丢"壹"

当数字首位是"1"时，中文前面必须写上"壹"字。例如，"¥16.74"应写成"人民币壹拾陆元柒角肆分"；又如，"¥100 000.00"应写成"人民币壹拾万元整"。

实训资料

（1）汉字大写数字书写练习。

大写数字书写练习用纸

壹	贰	叁	肆	伍	陆	柒	捌	玖	零
拾	佰	仟	万	亿	圆	角	分	整	正

（2）把下列小写数字金额写成中文大写金额。

① ¥36 789.45　　　　　应写成：

② ¥438 506.60　　　　　应写成：

③ ¥7 000 963.42　　　　应写成：

④ ¥6 216 308.05　　　　应写成：

⑤ ¥662 789 250.09　　　应写成：

⑥ ¥55 600.40　　　　　应写成：

⑦ ¥563 700.00　　　　　应写成：

⑧ ¥8 000 412.66　　　　应写成：

⑨ ¥6 243 000.05　　　　应写成：

⑩ ¥645 823 250.50　　　应写成：

模块三

原始凭证的填制和审核

实训要求

原始凭证又称单据,是在经济业务发生或完成时填制或取得的,用来证明某项经济业务发生或完成情况,明确有关经济责任,具有法律效力的书面证明。原始凭证是进行会计核算的原始资料。通过本模块实训,让学生掌握日常工作中常用单据的正确填制方法和审核。

任务一 原始凭证的填制

实训1 现金支票的填制

实训目标

支票是出票人签发的,委托办理支票存款业务的银行或其他金融机构在见票时无条件支付确定的金额给收款人或持票人的票据。支票分为现金支票、转账支票、普通支票三种。现金支票只能支取现金,转账支票只能用于转账,支票上未印有"现金"或"转账"字样的为普通支票,普通支票可以用于支取现金,也可以用于转账,在普通支票左上角划两条平行线的,为划线支票。划线支票只能用于转账,不得支取现金。

要求根据提供的资料正确填写现金支票。

实训指导

1. 现金支票的填制要求

(1) 签发支票必须使用黑色墨水填写,内容填写齐全。

(2) 出票日期:应填写实际的出票日期,支票正联出票日期必须使用中文大写,存根联出票日期用阿拉伯数字填写。

为防止出票日期的涂改,填写时应注意:壹月、贰月前加写"零",拾月至拾贰月必须写成壹拾月、壹拾壹月、壹拾贰月。日为壹至玖的,应在其前加写"零",日为拾日至拾玖日的,应在其前加写"壹"。

(3) 收款人:应填写收款人全称,不得简写,支票正联与存根联的收款人应一致,并与预留在银行的印鉴中的单位名称保持一致。

(4) 金额:转账支票正联的大写金额数字应顶格写,不得留有空白;小写金额数字前应填写人民币符号"¥",小写金额数字不得连笔写,以防分辨不清。存根联的小写金额数字应与支票正联的大、小写金额相同。

(5) 用途:要如实填写,支票正联和存根联填写的用途要一致。

(6) 出票人签章:在支票联正面出票人签章处按预留在银行的印鉴分别签章,两个签章(单位的财务专用章和法人代表私章)不得漏缺,印章必须清晰可见。现金支票还应在支票联背面"收款人签章"处按照预留在银行的印鉴签章。

(7) 支票签发后,将支票正联裁开交给收款人,存根联留下作为单位的记账依据。

(8) 支票提示付款期为十天(从签发支票的当日起,到期日遇节假日顺延)。

2. 现金支票填写的注意事项

(1) 支票正面不能有涂改痕迹,否则该支票作废。

(2) 支票的金额、收款人名称可以由出票人授权补记。

(3) 禁止签发空头支票。出票人签发支票的金额不得超出付款时在付款行处实有的存款金额。《票据管理实施办法》第三十一条规定:签发空头支票或者签发与其预留的签章不符的支票,不以骗取财物为目的的,由中国人民银行处以票面金额5%但不低于1000元的罚款;持票人有权要求出票人赔偿支票金额2%的赔偿金。

(4) 现金支票只能用于支取现金。

（5）现金支票不得背书转让。

（6）对于作废的支票不得撕去，应由签发单位自行注销，与存根联折在一起保管，在结清账户时连同未使用的空白支票一并缴还银行。

（7）现金支票收款人可写为本单位名称，此时现金支票背面加盖本单位的财务专用章和法人章，以及代理人的身份证号码。

（8）现金支票收款人可写为收款人个人姓名，此时现金支票背面不盖任何章，收款人在现金支票背面填上身份证号码和发证机关名称，凭身份证和现金支票签字领款。

【例1】 2019年6月23日，中原市威远有限责任公司提取现金5 000元备用。

公司法人代表：张浩

开户银行：中国工商银行中原市分行光明路支行

开户银行账号：2239 2385 7268 8960

要求：正确填写现金支票（见表3-1和表3-2）。

表3-1

中国工商银行现金支票存根 支票号码 00384562	中国工商银行**现金支票**（豫）支票号码 00384562
科　目	出票日期（大写）贰零壹玖年 陆月 贰拾叁日　付款行名称：中国工商银行中原市分行光明路支行
对方科目	收款人　中原市威远有限责任公司　　　出款人账号：2239 2385 7268 8960
出票日期2019年6月23日	人民币（大写）**伍仟元整**　　千 百 十 万 千 百 十 元 角 分 ￥ 5 0 0 0 0 0
收款人：中原市威远有限责任公司	用途　备用金　　　　密码_____
金　额：￥5 000.00	本支票款项请从我账户内支付
用　途：备用金	（财务章）（印张浩）　复核　　　记账
单位主管　　会计	出票人签章

表3-2

附加信息：
（财务章）（印张浩）收款人签章
2019年 6月 23日
身份证名称：　　发证机关：
号码　××××××××××××××××

粘贴单处

会计模拟实训（第2版）

实训资料

业务：2019年6月24日，中原市威远有限责任公司提取现金6 000元备用。
公司法人代表：张浩
开户银行：中国工商银行中原市分行光明路支行
开户银行账号：2239 2385 7268 8960
要求：正确填写现金支票（见表3-3、表3-4）。

表3-3

中国工商银行现金支票存根	中国工商银行 **现金支票** （豫）支票号码 00384563
支票号码 00384563	出票日期（大写）　　年　　月　　日　　付款行名称：_____
科　目 _____	收款人_____　　　　　　　　　　　　出款人账号：_____
对方科目 _____	
出票日期　年　月　日	人民币（大写）　　　千百十万千百十元角分
收款人：_____	
金　额：_____	用途_____　　　　　　　　密码_____
用　途：_____	本支票款项请从我账户内支付
单位主管　　　会计	出票人签章　　　　　　　　复核　　　记账

（付款期限自出票之日起十天）

表3-4

附加信息：	
	收款人签章
	年　月　日
身份证名称：_____　发证机关：_____	粘贴单处
号码 □□□□□□□□□□□□□□□□□□	

实训 2　转账支票的填制

实训目标

转账支票是用于单位之间的商品交易、劳务供应或其他款项往来的结算凭证。它只能用于转账结算，不能用于提取现金。

要求根据提供的资料正确填写转账支票。

实训指导

1．转账支票的填制要求

（1）签发支票必须使用黑色墨水填写，内容填写齐全。

（2）出票日期：应填写实际出票日期，不得补填或预填日期。转账支票正联的出票日期应使用中文大写，存根联的出票日期使用阿拉伯数字填写。二者应保持一致。

（3）收款人：应填写收款人全称，不得简写，支票正联与存根联的收款人应一致。

（4）金额：转账支票正联的大写金额数字应顶格写，不得留有空白；小写金额数字前应填写人民币符号"¥"，小写金额数字不得连笔写，以防分辨不清。存根联的小写金额数字应与支票正联的大、小写金额相同。

（5）用途：要如实填写，支票正联与存根联填写的用途应一致。

（6）出票人签章：出票人应在转账支票正联的"出票人签章"处签章。出票人为单位的，应为该单位与银行预留印鉴一致的财务专用章或公章，加其法人或其授权的代理人的签名或盖章。出票人为个人的，应为该人与银行预留签章一致的签名或盖章。

（7）支票签发后，将支票正联裁开交给收款人，存根联留下作为单位的记账依据。

2．转账支票填写的注意事项

（1）转账支票的金额、出票日期和收款人不能更改，更改的票据无效。其他事项错误，则予以更正时应加盖预留在银行的印鉴之一，予以证明。

（2）转账支票的金额、收款人名称可以由出票人授权补记。

（3）禁止签发空头支票。出票人签发支票，必须控制在付款时其存款账户余额可支取的金额范围内。对于签发空头支票或印鉴与预留银行印鉴不符的支票及支付密码错误的支票，银行应予以退票，并按票面金额处以 5%但不低于 1 000 元的罚款。持票人有权要求出票人赔偿支票金额 2%的赔偿金。对屡次签发错误支票的，银行应停止其签发支票。

（4）转账支票只能用于转账。

（5）转账支票可以背书转让，即在提示的付款期内，持票人可以在同一票据交换区域将其转让给其他单位或个人。转让时应在支票正联的背面签章，填写背书日期和被背书人。出票人授权补记的支票金额、收款人名称未补记前的支票，不得背书转让和提示付款。

（6）对于作废的支票不得撕去，应由签发单位自行注销，与存根联折在一起保管，在结清账户时连同未使用的空白支票一并缴还银行。

（7）转账支票收款人应填写为对方单位名称。转账支票背面本单位不盖章。收款单位取得转账支票后,在支票背面被背书栏内加盖收款单位财务专用章和法人章,填写好银行进账单后连同该支票交给收款单位的开户银行委托银行收款。

(8) 支票提示付款期为十天(从签发支票的当日起,到期日遇节假日顺延)。

【例2】 2019年6月25日,中原市威远有限责任公司支付中原市宏光有限责任公司的运输费,开出30 000元转账支票一张。中原市宏光公司账号:0956 5569 3721 5840,开户银行:中国工商银行中原市分行西康路支行。中原市威远公司账号:2239 2385 7268 8960;开户银行:中国工商银行中原市分行光明路支行。要求:正确填写转账支票(见表3-5、表3-6)。

表 3-5

中国工商银行转账支票存根	中国工商银行 转账支票(豫)支票号码 00889032
支票号码 00889032	出票日期(大写)贰零壹玖年陆月贰拾伍日 付款行名称:中国工商银行中原市分行光明路支行
科　目	收款人:中原市宏光有限责任公司　出款人账号:2239 2385 7268 8960
对方科目	人民币(大写)叁万元整　¥30 000.00
出票日期 2019 年 6 月 25 日	用途:运输费　密码_____
收款人:中原市宏光有限责任公司	本支票款项请从我账户内支付　行号_____
金　额:¥30 000.00	付款期限自出票之日起十天
用　途:运输费	出票人签章(中原市威远有限责任公司财务章) 印 张浩
单位主管　　会计	复核　　记账
	此区域供打印磁性字码

表 3-6

附加信息:	被背书人	被背书人	(粘贴单处) 根据《中华人民共和国票据法》等法律法规的规定,签发空头支票由中国人民银行处以票面金额5%但不低于1000元的罚款。
	背书人签章 年　月　日	背书人签章 年　月　日	

模块三 原始凭证的填制和审核

实训资料

业务：2019年6月25日，中原市威远有限责任公司购买中原市长江公司办公用品一批，开出转账支票17 000元。

中原市长江公司账号：6754 8568 9135 5673；开户银行：中国工商银行中原市分行健康路支行。

威远公司账号：2239 2385 7268 8960；开户银行：中国工商银行中原市分行光明路支行。

要求：正确填写转账支票（见表3-7、表3-8）。

表3-7

中国工商银行转账支票存根	中国工商银行 **转账支票** （豫）支票号码 00889033
支票号码 00889033 科　目 _____ 对方科目 _____ 出票日期　年　月　日 收款人：_____ 金　额：_____ 用　途：_____ 单位主管　　会计	出票日期（大写）　　年　　月　　日　付款行名称：_____ 收款人_____　　　　　　　　　出款人账号：_____ 人民币（大写）｜千百十万千百十元角分｜ 用途_____　　　　　　　　密码_____ 本支票款项请从我账户内支付　　行号_____ 出票人签章　　　　　　　　　复核　　　记账 此区域供打印磁性字码 付款期限自出票之日起十天

表3-8

附加信息：	被背书人	被背书人	（粘贴单处）	根据《中华人民共和国票据法》等法律法规的规定，签发空头支票由中国人民银行处以票面金额5%但不低于1000元的罚款。
	背书人签章 年　月　日	背书人签章 年　月　日		

实训3　银行进账单的填制

实训目标

银行进账单是持票人或收款人将票据款项存入收款人银行账户的凭证，也是银行将票据款项记入收款人账户的凭证。

要求根据提供的资料正确填写银行进账单。

实训指导

  1. **银行进账单的填制要求**

（1）凭证日期：填写银行进账单的实际日期，与办理转账结算票据所填写的日期不完全一致。

（2）第　号：本期填写银行进账单的顺序编号。

（3）出票人：根据出票人的全称、账号和开户银行填写。

（4）收款人：根据持票人的全称、账号和开户银行填写。

（5）进账单金额：银行本票、支票，根据票面金额填写；银行汇票根据汇票的实际结算金额填写。

（6）票据种类：收款人填制银行进账单的票据名称，如转账支票、银行本票等。

（7）票据张数：收款人办理转账结算的票据张数。银行汇票包括银行汇票正联和解讫通知两张，其他票据均为票据正联一张。

  2. **银行进账单填写的注意事项**

（1）进账单与支票配套使用，可以一张支票填制一份进账单，也可以多张支票（不超过四笔）汇总金额后填制一份进账单，即允许办理一收多付（一贷多借）。

（2）对于办理一收多付（一贷多借）的进账单，客户必须根据不同的票据种类和支票签发人所属的不同票据交换行处分别填制，不得混淆。主要原因：一是票据种类不同，如支票、银行汇票，在银行内部核算处理的方法和要求不一样；二是由于受路途远近、交通情况等客观条件的限制，一些基层交换行处有的参加两次交换，有的只能参加一次交换，在交换票据的处理、资金的抵用时间等方面就存在差异。鉴于上述原因，这样规定是为了保证客户及时用款。

（3）进账单上填列的收款人名称、账号、金额、内容均不得更改，其他项目内容应根据所附支票的相关内容据实填列。这是因为银行受理票据后，支票和进账单两者分离，要分别在不同的柜组或行处之间进行核算处理，为了防止差错纠纷和经济案件的发生，便于事后查找，故作此明确规定。

【例3】 2019年6月24日，中原市威远有限责任公司收到周口市权健有限责任公司开出的转账支票一张，金额为800 000元。周口市权健有限责任公司账号：6089 7788 5678 2510；开户银行：中国工商银行周口市分行互助路支行。中原市威远有限责任公司账号：2239 2385 7268 8960；开户银行：中国工商银行中原市分行光明路支行。

要求：正确填制银行进账单（见表3-9）。

表3-9

中国工商银行 进 账 单（收账通知）

2019 年 6 月 24 日　　　　　豫 No. 00169075

出票人	全　称	周口市权健有限责任公司	收款人	全　称	中原市威远有限责任公司
	账　号	6089 7788 5678 2510		账　号	2239 2385 7268 8960
	开户银行	中国工商银行周口市分行互助路支行		开户银行	中国工商银行中原市分行光明路支行

人民币（大写）捌拾万元整　　　　千 百 十 万 千 百 十 元 角 分
　　　　　　　　　　　　　　　　¥ 8 0 0 0 0 0 0 0 0

票据种类	转账支票
票据张数	正联一张

复核：　　记账：

（盖章：中国工商银行中原市阳光路支行　2019年6月24日　转讫）

收款人开户银行签章

此联是持票人开户银行交给持票人的收账通知

实训资料

业务：2019年6月24日，中原市威远有限责任公司向天津市贸达公司销售商品一批，价税合计380 000元，收到转账支票一张。贸达公司的账号：9020 8571 0265 7956，开户银行：中国工商银行天津市花园路支行。威远公司账号：2239 2385 7268 8960，开户银行：中国工商银行中原市光明路支行。

要求：正确填制银行进账单（见表3-10）。

表3-10

中国工商银行 进 账 单（收账通知）

年　　　月　　　日　　　　　豫 No. 00129588

出票人	全　称		收款人	全　称	
	账　号			账　号	
	开户银行			开户银行	

人民币（大写）　　　　　　　　千 百 十 万 千 百 十 元 角 分

票据种类	
票据张数	

复核：　　记账：

收款人开户银行签章

此联是持票人开户银行交给持票人的收账通知

实训4 收据的填制

实训目标

收据是企业在非经营活动中收取款项时开具的书面证明,由收款单位出纳员开具。要求根据提供的资料正确填制收据。

实训指导

收据的填写要求

(1)年/月/日:出纳收到款项的当天。

(2)今收到:交款对象的名称。填写交款人的实际姓名。

(3)人民币(大写):填写收到人民币的实际金额的汉字大写,应顶格填写,不得留有空白,注意要与小写金额一致。在"¥"后紧接着写小写金额,不留空白,金额要求精确到分。

(4)收款事由:收到款项的具体理由。

(5)收据签名:收据由出纳人员填写完整后签名,加盖财务部门公章,并由经手人(交款人)签名。

【例4】 2019年6月25日,中原市威远有限责任公司财务科出纳董洁,收到职工王楠交纳的公司垫付医药费380元。

要求:根据以上资料正确填制收据(见表3-11)。

表3-11

收 据

2016年 6月 25日

今收到 王楠	
人民币(大写)叁佰捌拾元整	¥380.00
系 收 垫付医药费	

第二联 记账联

收款单位(盖章)　　　出纳 董洁　　　经手人 王楠

实训资料

业务：2019年6月26日，中原市威远有限责任公司财务科出纳董洁，收到职工孙建上交的天然气费260元。

要求：根据以上资料正确填制收据（见表3-12）。

表 3-12

收　　据

年　　月　　日

| 今收到_____ |
| 人民币（大写）_____ ¥_____ |
| 系　收_____ |

第二联　记账联

收款单位（盖章）　　　　　　　出纳　　　　　　　经手人

实训5　借款单的填制

实训目标

借款单是企业内部有关部门或个人因公借款时使用的，由借款人填写。

要求根据提供的资料正确填制借款单。

实训指导

借款单的填制要求

（1）年/月/日：根据借款的实际日期填写。

（2）借款单位：填写借款人所在的单位或部门和借款人姓名。

（3）借款理由：填写借取现金的具体理由。

（4）借款数额：人民币（大写），即借款人借款金额的汉字大写，应顶格写，不得留有空白，注意要与小写金额一致。在"¥"后紧接着写小写金额，不留空白，金额要求精确到分。

（5）借款单签名：由借款人填写完整并签上借款人姓名后，先经借款人所在部门主管签字，再由公司领导审核后签字同意。

【例5】　2019年6月26日，中原市威远有限责任公司采购员王威因公出差，需预借公司现金3 600元，采购科科长王林同意签字，公司经理张浩批准借款。

要求：根据以上资料正确填制借款单（见表3-13）。

表3-13

借 款 单

2019 年　6 月　26 日

借款单位：采购科王威				
借款理由：因公出差				
借款数额：人民币（大写）叁仟陆佰元整　　　　　　¥3 600.00				
			现金付讫	
单位负责人意见	张　浩	部门负责人意见	王　林	借款人（签章）	王威

（第二联　会计记账）

实训资料

业务：2019年6月27日，中原市威远有限责任公司业务部经理孙博去上海参加技术培训交流，预借公司现金3 000元整。

要求：根据以上资料正确填制借款单（见表3-14）。

表3-14

借 款 单

年　　月　　日

借款单位：				
借款理由：				
借款数额：人民币（大写）　　　　　　　　　　　　¥				
单位负责人意见		部门负责人意见		借款人（签章）	

（第二联　会计记账）

实训6　差旅费报销单的填制

实训目标

差旅费是行政事业单位和企业的一项重要的经常性支出项目，是指出差期间因办理公务而产生的交通费、住宿费和公杂费等各项费用。差旅费报销单是出差人员回来后填写进行费用报销的一种固定表格式单据。

要求根据提供的资料正确填制差旅费报销单。

实训指导

1. 差旅费报销单的填制要求

（1）年/月/日：出差人员填写报销单的当日。

（2）姓名：填写出差人员的姓名。

（3）职务：填写出差人员的行政职务或专业技术职务。

（4）起讫时间地点：按时间的顺序填写某月某日离开的城市和某月某日到达的城市，应与所附的车船票印制的日期一致。

（5）在途补助：出差人员在乘坐车、船的路途中应领取的伙食补助费，包括天数和金额两项。天数为从某一城市到另一城市在途中行走的天数；金额为在途天数乘以单位规定的在途每日伙食补助标准计算得到的数额。

（6）住勤补助：出差人员到达某一城市后应领取的伙食补助费用，包括天数和金额两项内容。天数为出差人员到达某一城市后实际居住的天数，应与住宿发票注明的天数一致。金额为住勤天数乘以单位规定的住勤每日伙食补助标准计算的数额。

（7）车船费：出差人员本次出差应报销的车船票的费用，应与所附的车船票的金额一致。

（8）会议费：出差人员本次出差参加某会议，由会议主办方开具的会议费票据所载明的费用，应与所附的会议费发票金额一致。

（9）其他：即不属于以上内容的准予报销的费用金额，应与其后所附的发票金额一致。

（10）合计人民币：以上各部分内容金额的合计数。大写金额数字应顶格写，不得留空。小写金额数字应紧接着"¥"填写。大、小写的金额数字应一致。

（11）出差事由：出差人员本次出差的具体理由。

（12）预借、报销、应退（补）：预借，填写出差人员于本次出差前实际预借的差旅费金额，应与"其他应收款"有关明细账记录的借款金额一致。报销，即本次准予报销的差旅费用，填写人民币合计金额。应退（补），即出差人员本次报销出差费用之后，应退回的借款余额或应补领的报销费用金额。

（13）报销单签名：差旅费报销单由出差人员根据有关票据的内容填写后在"报销人"处签名，经审核人和会计主管审核无误签名后，由单位领导审核签字报销。

2. 填制差旅费报销单的注意事项

（1）有附件的报销单，应在报销单上注明附件的自然张数。

（2）附件的粘贴应遵从以下要求：有时间的发票按照日期顺序整理；发票上无日期的随意安排。附件可粘贴在报销单的背面，张数过多的也可另行粘贴，并附在报销单之后。粘贴时不准遮盖附件的报销金额及其基本内容。规格大于报销单大小的发票，应当按报销单大小折叠。用胶水粘贴，不得用订书机装订。

会计模拟实训（第2版）

（3）一张报销单后附发票的张数尽量控制在10张以内（过路费、车票除外）。
（4）也可以将相近日期的发票粘贴在同一张报销单上。

【例6】 2019年6月18日，中原市威远有限责任公司采购员王伟出差回来报销差旅费。王伟于6月14日离开中原市到沈阳市采购原材料，6月17日从沈阳返回中原市。往返路途2天，每天补助伙食费80元；在沈阳住宿3天，每天补助伙食费100元；往返火车票两张，每张550元；住宿费发票1张，金额840元。出差前预借差旅费3 000元。会计主管张青、审核孙明已对票据审核签字，公司领导张浩已签字同意报销。

要求：根据以上资料正确填制差旅费报销单（见表3-15）。

表3-15
差旅费报销单

姓名：王伟　　职务：采购员　　2019 年 6 月 18 日　　　　　单位：元

起讫时间地点					车船费		在途补助		住勤补助		住宿费		会议费		其他	
月	日	起点	月	日	终点	张数	金额	天数	金额	天数	金额	张数	金额	张数	金额	张数	金额
6	14	中原市	6	14	沈阳市	1	550.00	1	80.00	3	300.00	1	840.00				
6	17	沈阳市	6	17	中原市	1	550.00	1	80.00								
小计							1 100.00		160.00		300.00		840.00				

合计人民币（大写）贰仟肆佰元整　　　　　　　　　　　　　　　　　¥2 400.00

出差事由：采购原材料　　　　　　　　　预借¥3 000.00　　核销¥2 400.00　　应退（补）¥600.00

公司领导　张浩　　　会计主管　张青　　　审核　孙明　　　报销人　王伟

实训资料

业务：2019年6月25日，中原市威远有限责任公司技术部经理袁鹏填制差旅费报销单报销出差费用。袁鹏于6月20日离开中原市到深圳参加技术交流会，6月24日从深圳回到中原市。往返路途2天，每天补助伙食费80元；在深圳住宿4天，每天补助伙食费100元；往返飞机票两张，每张900元；住宿费发票1张，金额1 500元；会议费发票1张，金额2 000元；资料费发票3张，金额300元；预借差旅费6 000元。会计主管张青、审核孙明已对票据审核签字，公司领导张浩签字同意报销。

要求：根据以上资料正确填制差旅费报销单（见表3-16）。

表 3-16

差旅费报销单

姓名：　　　　　职务：　　　　　年　月　日　　　　　　　　　　　单位：元

起讫时间地点					车船费		在途补助		住勤补助		住宿费		会议费		其他	
月	日	起点	月	日	终点	张数	金额	天数	金额	天数	金额	张数	金额	张数	金额	张数	金额
小计																	
合计人民币（大写）									¥								
出差事由						预借		核销		应退（补）							

公司领导　　　　　　会计主管　　　　　　　审核　　　　　　　报销人

实训 7　增值税专用发票的填制

实训目标

增值税发票分为专用发票和普通发票，必须通过防伪税控系统开具机打发票，专用发票和普通发票的格式、字体、栏次、内容完全一致。

增值税专用发票的基本联次为三联，第一联为记账联，作为销售方核算销售收入和增值税销项税的记账凭证；第二联为抵扣联，作为购买方报送主管税务机关认证和留存备查的凭证；第三联为发票联，作为购买方核算采购成本和增值税进项税额的记账凭证。

一般纳税人可以开具增值税专用发票，也可以开具增值税普通发票，可以使用同套增值税防伪税控系统同时开具增值税专用发票、增值税普通发票（此种开票方式简称"一机多票"）。而小规模纳税人及个体户只能开具增值税普通发票。增值税专用发票可以抵扣进项税款，而增值税普通发票是不可以抵扣税款的。

要求根据提供的资料正确填写增值税专用发票。

实训指导

1．增值税专用发票的填制要求

（1）开票日期：填写开具增值税专用发票的日期。

（2）购货单位："名称"栏，填写购货单位名称的全称，不得简写。如果单位名称较长，可在"名称"栏分上下两行填写，必要时可写出该栏的上下横线。"地址、电话"栏，填写购货方单位的详细地址和电话号码。"纳税人识别号"栏，填写购货单位税务登记证上的纳税人识别号码，不得简写。"开户行及账号"栏，填写购货单位的开户银行名称及其账号。

（3）密码区：增值税专用发票的密码区有七个方面的数据：发票代码、发票号码、开票

日期、销货方纳税人识别号、购货方纳税人识别号、金额、税额，开票时经过加密产生密文区（增值税专用发票同时存在二维码、84位字符和108位字符三种密文形式）。发票认证时通过扫描解密还原，从而判断发票的真伪，通过审核认证之后就能进行抵税。注意：扫描时要求密文清晰、票面整洁，否则机器无法识别，所以发票尽量不要折叠。

（4）货物或应税劳务名称：填写销售货物或应税劳务的名称。如果销售货物或应税劳务的品种较多，纳税人可按照不同税率的货物进行汇总开具专用发票，在这种情况下，本栏可填写"汇总"或"××等，详见清单"字样，需要附货物清单。

（5）计量单位：填写销售货物或应税劳务的计量单位。

（6）数量：填写销售货物或应税劳务的数量。

（7）单价：填写销售货物或应税劳务的不含税单价。汇总开具专用发票的，可不填该栏。

（8）金额：填写销售货物或应税劳务的销售额。企业应按不含税单价和数量相乘计算填写，计算公式为：金额=不含税单价×数量。

（9）税率：填写销售货物或应税劳务的适用税率。

（10）税额：填写销售货物或应税劳务的销项税额。

（11）合计：填写销售项目的销售额（金额）、税额各自的合计数。开具专用发票，必须在"金额""税额"栏合计（小写）数额前用"￥"符号封顶，未封顶的专用发票不得作为购货方的扣税凭证。

（12）价税合计：填写各项商品销售额（金额）与税额汇总数的大写金额，必须在大写合计数前用"⊗"符号封顶，（小写）数前用"￥"符号封顶，未封顶的专用发票不得作为购货方的扣税凭证。

（13）销货单位：销货单位的"名称""地址""电话""纳税人识别号""开户行及账号"等栏的填写内容与购货单位有关项目基本相同。增值税专用发票一至三联（发票联、抵扣联、记账联）的有关栏目中加盖专用发票销货单位栏戳记，经税务机关检验无误后方可使用。纳税人不得使用未加盖上述戳记或印迹不清晰的专用发票。

（14）收款人：填写办理收款事项人员的姓名。

（15）备注：填写一些需要补充说明的事项。

2．增值税专用发票填写的注意事项

（1）在"单价"栏中，应填写销售货物或应税劳务的不含税单价。在实际工作中特别容易将本栏错填成含税单价，因单价栏错填而使购货方不能抵扣税款的情况时有发生。

（2）在"金额"栏内，应填写销售货物或应税劳务的数量乘以单价的金额。实行防伪税控系统的企业，在发生销货退回或折让需要开具红字发票时，改为开具负数发票，在"金额"栏填写负数。

（3）实际工作中，由于单价小数点后位数的取舍关系，有时用换算后的不含税单价计算出的销售额、税额之和与换算前的含税收入有一定的差别，尽管数额可能很小，但难以处理。这属于正常现象，按照规定可以作为购货方的扣税凭证。

【例7】 2019年6月20日，中原市威远有限责任公司向上海市科达有限责任公司销售加湿器800台，不含税单价80元。销售货物适用的增值税率为13%。货款已全部收到。

中原市威远有限责任公司的纳税人识别号：000425801556826，地址：中原市光明路88号，电话：0371-66883120，开户银行：中国工商银行中原市光明路支行，账号：2239 2385 7268 8960，收款人：董洁。

上海市科达有限责任公司纳税人识别号：000571698447838，地址：上海市欢乐路24号，电话：021-58669870，开户银行：中国工商银行上海市欢乐路支行，账号：0099 8561 2714 4488。

要求：根据以上资料正确填写增值税专用发票（见表3-17）。

表3-17

河南省增值税专用发票 No.00905688

4100114133 发票联 开票日期 2019年6月20日

购货单位	名 称：上海市科达有限责任公司 纳税人识别号：000571698447838 地址、电话：上海市欢乐路24号 021-58669870 开户行及账号：中国工商银行上海市欢乐谷路支行 0099 8561 2714 4488	密码区	75*+13>+900>132<7805>345+24/ +<23-106>84>-5/6/1>728/78/7> 1078<+<56>78<-*34+14/-78*/6/ *+061-86<*3>757344/3>01610->

货物或应税劳务名称	规格型号	单位	数量	单价	金额	税率	税额
加湿器		台	800	80.00	64 000.00	13%	8 320.00
合计					¥64 000.00		¥8 320.00

价税合计（大写）	⊗柒万贰仟叁佰贰拾元整	（小写）¥72 320.00

销货单位	名 称：中原市威远有限责任公司 纳税人识别号：000425801556826 地址、电话：中原市光明路88号 0371-66883120 开户行及账号：中国工商银行中原市光明路支行 2239 2385 7268 8960	备注

收款人：×× 　复核：×× 　开票人：董洁 　销货单位（公章）：

第三联 发票联 购货方记账凭证

实训资料

业务：2019年6月24日，中原市威远有限责任公司向南京裕达公司销售饮水机500台，单位售价140元（不含税）。销售货物适用的增值税税率为13%，货款已全部收到。

南京裕达公司的纳税人识别号：880221131221108，地址：南京市建设西路111号，电话：80896670，开户银行：中国工商银行南京市中原西路支行，账号：0089 6475 0089 3451。

中原市威远有限责任公司的纳税人识别号：000425801556826，地址：中原市光明路88号，电话：66883120，开户银行：中国工商银行中原市光明路支行，账号：2239 2385 7268 8960，收款人：董洁。

要求：根据以上资料正确填写增值税专用发票（见表3-18）。

表 3-18

4100114138　　　　　　　**河南省增值税专用发票**　　　No. 00905689
　　　　　　　　　　　　　　　　　发　票　联　　　　　　　开票日期

购货单位	名　　称：						
	纳税人识别号：			密码区			
	地址、电话：						
	开户行及账号：						
货物或应税劳务名称	规格型号	单位	数量	单价	金额	税率	税额
合计							
价税合计（大写）				（小写）			
销货单位	名　　称：			备注			
	纳税人识别号：						
	地址、电话：						
	开户行及账号：						

收款人：　　　　复　核：　　　　开票人：　　　　销货单位（公章）：

第三联　发票联　购货方记账凭证

实训 8　材料入库单的填制

实训目标

材料入库单（也称收料单）是指材料到达企业，经验收审核合格办理入库时按规定填写的单据，由材料保管员填写。

要求根据提供的资料正确填写材料入库单。

实训指导

材料入库单的填写要求如下。

（1）年/月/日：按照入库的实际日期填写，用阿拉伯数字填写。

（2）供货单位、合同号、发票号：根据采购合同和购货发票的实际内容填写。

（3）材料名称：填写入库材料的具体名称。

（4）计量单位：入库材料的计量单位，如钢材的计量单位为吨等。

（5）数量："应收"数量根据发票上的数量填写，"实收"数量根据实际验收合格的数量填写。

（6）实际成本："单价""金额"根据发票内容填写，注意单价是不含税单价；"运费"根据运费发票填写，"合计"是"金额"栏和"运费"栏的合计，是材料的实际成本。

（7）入库单签名：由保管员和经办人分别在相应的位置签名，明确经济责任。

【例8】2019年6月26日，中原市威远有限责任公司材料2号仓库收到采购部门交送

的甲材料 2 000 千克，经检验全部合格准予入库。供货单位是长春糖业有限公司，采购合同号 01563，发票号 0085376420，发票单价（不含税）为 5.8 元，运费发票金额 1 000 元。保管员周红，经办人魏伟。

要求：根据以上资料正确填制材料入库单（见表 3-19）。

表 3-19

材料入库单

验收仓库：2#仓库　　　　2019 年 6 月 26 日　　　　　　　　　　　　单位：元

供应单位：长春糖业有限公司					合同号	01563	发票号	0085376420
材料编号	材料名称	计量单位	数量		实际成本			
			应收	实收	单价	金额	运费	合计
A1001	甲材料	千克	2 000	2 000	5.80	11 600.00	1 000.00	12 600.00
合计						¥11 600.00	¥1 000	¥12 600.00

会计　　　　　　　　记账　　　　　　　　保管员　周红　　　　　　　　经办人　魏伟

实训资料

业务：2019 年 6 月 20 日，中原市威远有限责任公司 3 号材料仓库收到采购部门交送的 A 材料 300 件，经检验全部合格准予入库。供货单位是西安彩塑有限公司，采购合同号 02785，发票号 0076538320，发票单价（不含税）为 10.5 元，运费发票金额 500 元。保管员周红，经办人王亮。

要求：根据以上资料正确填制入库单（见表 3-20）。

表 3-20

材料入库单

验收仓库：　　　　　　　　　年　　月　　日　　　　　　　　　　　　单位：元

供应单位：					合同号		发票号	
材料编号	材料名称	计量单位	数量		实际成本			
			应收	实收	单价	金额	运费	合计
合计								

会计　　　　　　　　记账　　　　　　　　保管员　　　　　　　　　　　经办人

实训 9　出库单的填制

实训目标

根据提供的资料，按照要求正确填写产品出库单。

实训指导

产品出库单的填写要求如下。

（1）收货单位（地址）：填写收货单位的详细地址。

（2）出库日期：按照产品出库的实际日期填写，用阿拉伯数字填写。

（2）产品名称：出库产品的具体名称。

（3）规格型号：根据出库产品的实际规格型号填写。

（4）单位：出库产品的计量单位，如钢材的计量单位为吨等。

（5）数量：按照出库产品的实际数量填写。

（6）出库单签名：由仓库主管、发货人、送货人、收货人分别在相应的位置签名，以明确经济责任。

【例9】　2019年6月28日，中原市威远有限责任公司产成品仓库向购货方中原市汉美公司（中原市维和路10号）发出甲产品500件，乙产品1 000件。仓库主管王海，发货人刘梅，送货人张宇。

要求：根据以上资料正确填制产品出库单（见表3-21）。

表3-21

产品出库单

NO：20171229

收货单位（地址）：中原市汉美公司（中原市维和路10号）				出库日期：2019年6月28日	
产品编号	产品名称	规格型号	单位	数量	备注
	甲产品		件	500	
	乙产品		件	1 000	

仓库主管：王海　　　　　发货人：刘梅　　　　　送货人：张宇　　　　　收货人：

实训资料

业务：2019年6月29日，中原市威远有限责任公司产成品仓库向购货方中原市益家商场（中原市和平路38号）发出丙产品300件，丁产品600件。仓库主管王海，发货人刘梅，送货人陈伟。

要求：根据以上资料正确填制产品出库单（见表3-22）。

表 3-22

产品出库单

NO：20171230

收货单位（地址）：				出库日期：	年　月　日	
产品编号	产品名称	规格型号	单位	数量	备注

仓库主管：　　　　　发货人：　　　　　送货人：　　　　　收货人：

实训 10　现金缴款单的填制

实训目标

现金缴款单是指企业将收到的现金存入银行时填写的凭证，由存款单位或个人填写。要求根据提供的资料正确填写现金缴款单。

实训指导

现金缴款单的填制要求如下。

（1）年/月/日：单位到银行缴款的日期。

（2）收款单位全称：填写收款单位的全称，不能使用简称。

（3）收款账号：填写收款单位的银行账号。

（4）款项来源：填写收款单位存进银行的现金的来源，如销货款、投资款等。

（5）缴款部门：前来办理缴款业务的部门。

（6）金额（大写）：收款单位存进银行的现金合计数。

（7）金额（小写）：用阿拉伯数字填写。注意在最高位前用人民币符号"￥"封顶。

（8）票面和张数：填写不同面值的票面金额和张数，注意这个合计的金额要和实际缴存的金额还有大小写金额一致。

【例 10】2019 年 6 月 25 日，中原市威远有限责任公司将当天的销售款 50 000 元存入中国工商银行中原市分行阳光路支行（其中票面 100 元 400 张，票面 50 元 200 张）。威远公司账号：6632 7785 6358 9720。

要求：根据以上资料正确填制现金缴款单（见表 3-23）。

表 3-23

中国工商银行　现金缴款单

缴款日期：2019 年 6 月 25 日

收款单位	全称	中原市威远有限责任公司							款项来源				销售款					
	账号	6632 7785 6358 9720							缴款部门									
金 额（大写）伍万元整									金 额（小写）	亿	千	百	十	万	千	百	十	元	角	分
														¥	5	0	0	0	0	0	0
票面	张数	十	万	千	百	十	元	角	分	票面	张数	千	百	十	元	角	分	备注
壹佰元	400	4	0	0	0	0	0	0	0	伍角								
伍拾元	200	1	0	0	0	0	0	0	0	贰角								
贰拾元										壹角								
拾元										伍分								
伍元										贰分								
贰元										壹分								
壹元										其他								

实训资料

业务：2019 年 6 月 28 日，中原市威远有限责任公司将当天的销货款 48 000 元存入中国工商银行中原市阳光路支行（其中票面 100 元 300 张，票面 50 元 200 张，票面 20 元 300 张，票面 10 元 200 张）。威远公司账号：6632 7785 6358 9720。

要求：根据以上资料正确填写现金缴款单（见表 3-24）。

表 3-24

中国工商银行　现金缴款单

缴款日期：　年　月　日

收款单位	全称									款项来源								
	账号									缴款部门								
金 额（大写）										金 额（小写）	亿	千	百	十	万	千	百	十	元	角	分
票面	张数	十	万	千	百	十	元	角	分	票面	张数	千	百	十	元	角	分	备注
壹佰元										伍角								
伍拾元										贰角								
贰拾元										壹角								
拾元										伍分								
伍元										贰分								
贰元										壹分								
壹元										其他								

任务二　审核原始凭证

实训目标

根据提供的资料，审核有关原始凭证。

实训指导

审核原始凭证须从以下几方面进行。

（1）真实性。其主要对原始凭证的填制日期、业务内容及有关数据等的真实性进行审核。无论是外来的原始凭证还是自制的原始凭证，都必须要有填制单位或经办部门和有关人员的盖章及签名。

（2）合法性。其主要审核原始凭证所记录的经济业务内容是否符合国家有关法律法规和规章制度的规定。

（3）合理性。其主要审核原始凭证所记录的经济业务内容是否符合企业生产活动的需要，是否符合有关计划和预算的要求，是否符合费用开支的标准等。

（4）完整性。其主要审核原始凭证的各项基本要素是否齐全，日期是否完整，文字和数字是否清晰工整，凭证的联次是否正确，有关公章和签名是否齐全，是否有漏项等。

（5）正确性。其主要审核原始凭证所记录的经济业务内容，文字表述是否准确，数字计算及填写是否正确，大小写金额是否相符，大写金额前要加"人民币"字样，小写金额前要标明"¥"符号，阿拉伯数字不得连笔写等。凭证上有书写错误的，应采用正确的方法进行更正。

（6）及时性。其主要审核原始凭证的填制日期，特别是支票等时效性较强的原始凭证，保证在经济业务发生或完成时及时填制原始凭证并及时传递凭证。

实训资料

审核下列原始凭证，指出存在哪些方面的错误。

（1）2019年6月22日，中原市威远有限责任公司向中原市宏达有限责任公司开出8 000元的转账支票一张，用于支付货款（表3-25）。

表 3-25

中国工商银行转账支票存根	中国工商银行**转账支票**（豫）支票号码 00268036
支票号码 00268036	出票日期（大写）2019 年 6 月 22 日　　付款行名称：
科目	收款人：中原市宏达有限责任公司　　出款人账号：
对方科目	人 民 币（大写）捌仟元整　￥8 000.00
出票日期 2019 年 6 月 22 日	用途　货款
收款人：中原市宏达有限责任公司	密码
金　额：8 000.00	本支票款项请从我账户内支付
用　途：货款	
单位主管　　会计	复核　　　　记账　　出票人签章

（2）2019 年 6 月 28 日，威远有限责任公司销售给中原市方正有限责任公司一批净化器，数量 300 台，不含税单价 600 元，增值税税率为 13%（表 3-26）。

表 3-26

河南省增值税专用发票　No.00831728
发票联
4100084140　　开票日期：2019 年 6 月 28 日

购货单位	名　称：中原市方正有限责任公司						密码区
	纳税人识别号：41001012345678						
	地址、电话：中原市经一路 12 号　0371-12345678						
	开户行及账号：中国工商银行经一路支行 2233 4455 7788 6677						
货物或应税劳务名称	规格型号	单位	数量	单价	金额	税率	税额
净化器		台	300	600	180 000.00	13%	23 400.00
合计					180 000.00		23 400.00
价税合计（大写）	贰拾万零叁仟肆佰元整				（小写）203 400.00		
销货单位	名　称：				备注		
	纳税人识别号：						
	地址、电话：						
	开户行及账号：						

收款人：　　复核：　　开票人：　　销货单位（公章）：

（3）2019年6月20日，采购员刘明因出差预借差旅费2 000元（表3-27）。

表3-27
借 款 单
2019年 6月 20日

借款单位：采购科刘明				
借款理由：差旅费				
借款数额：人民币贰仟元整　　　　¥2 000.00				
			现金付讫	
单位负责人意见	张　浩	部门负责人意见	张青	借款人（签章）　刘　明

（4）2019年6月25日，收到保洁员张红上交的废品收入100元（见表3-28）。

表3-28
收　　　据
2019年 6月 25日

今收到　中原市威远公司

人民币（大写）壹佰元整　　　　　　　　　　　　　　　　　　　　　　¥100.00

系　收　废品收入

收款单位（盖章）　　　　　　　　　　　　　　收款人

模块四

记账凭证的填制和审核

实训要求

记账凭证是会计人员根据审核无误的原始凭证按照经济业务事项的内容加以分类,并据以确定会计分录后所填制的会计凭证。它是登记账簿的直接依据。通过本模块实训,使学生掌握记账凭证的填制、审核和整理装订的正确方法。

任务一　填制记账凭证

实训目标

正确解读原始凭证，并能够根据所给原始凭证正确填制记账凭证。

实训指导

记账凭证填制要求如下。

（1）年/月/日：应以财会部门受理经济业务事项的日期为准，用阿拉伯数字填写。

（2）×字第×号：应当对记账凭证按月进行连续编号，不得重号、跳号，可在每月最后一张记账凭证上注明"全"字，表示本月记账凭证编制完毕。

采用通用记账凭证时，可按经济业务发生的顺序编号。采用专用记账凭证时，可采用"三类字号编号法"，即收字第×号、付字第×号和转字第×号；也可采用"五类字号编号法"，即现收字第×号、现付字第×号、银收字第×号、银付字第×号、转字第×号。若一笔经济业务需要填制两张及两张以上记账凭证时，可采用"分数编号法"。注意不得把不同类型的经济业务合并填制一张记账凭证，混淆账户的对应关系。

（3）摘要：简明扼要地说明经济业务的主要内容。

（4）总账科目和明细科目：填写经济业务所涉及的全部应借、应贷一级科目及其所属的明细科目名称。

（5）金额：应填写借贷方一级科目及所属明细科目的发生额。注意记账凭证所填金额要和所附原始凭证或原始凭证汇总表的金额一致。

（6）合计：应填写经济业务的总金额，合计行金额数字前必须填写人民币符号，且借方金额合计与贷方金额合计应当一致。

（7）注销空行：记账凭证填制完经济业务事项后，如有空行，应自金额栏最后一笔数字下的右上角处至最后一行的左下角处划一条对角斜线或"S"形线注销。

（8）附件：填写记账凭证所附的原始凭证的张数。

（9）签章：由与该张记账凭证有关的人员签章。

【例1】中原市威远有限责任公司2019年6月发生的部分业务如下：

（1）3日，销售A产品一批，价款为20 000元，税款为2 600元，款项已收到存入银行。

要求：根据业务填制收款凭证（见表4-1）。

表 4-1

收款凭证

借方科目：银行存款　　　　　　2019 年 6 月 03 日　　　　　　银 收 字第 07 号

摘　要	贷方科目		账页	金　额								
	总账科目	明细科目		千	百	十	万	千	百	十	元	角	分
销售产品，款项已收	主营业务收入	A 产品				2	0	0	0	0	0	0
	应交税费	应交增值税（进项税额）					2	6	0	0	0	0
合　计					¥	2	2	6	0	0	0	0

财务主管：（签章）　　记账：　　出纳：（签章）　　审核：（签章）　　制单：（签章）

（2）18 日，用现金支付办公室职员李兰报销的市内交通费 180 元。

要求：根据业务填制付款凭证（见表 4-2）。

表 4-2

付款凭证

贷方科目：库存现金　　　　　　2019 年 6 月 18 日　　　　　　现 付 字第 02 号

摘　要	借方科目		账页	金　额								
	总账科目	明细科目		千	百	十	万	千	百	十	元	角	分
李兰报销市内交通费	管理费用	办公费							1	8	0	0	0
合　计								¥	1	8	0	0	0

财务主管：（签章）　　记账：　　出纳：（签章）　　审核：（签章）　　制单：（签章）

（3）30 日，结转本月销售甲产品成本 32 000 元。

要求：根据业务填制转账凭证（见表 4-3）。

表 4-3

转账凭证

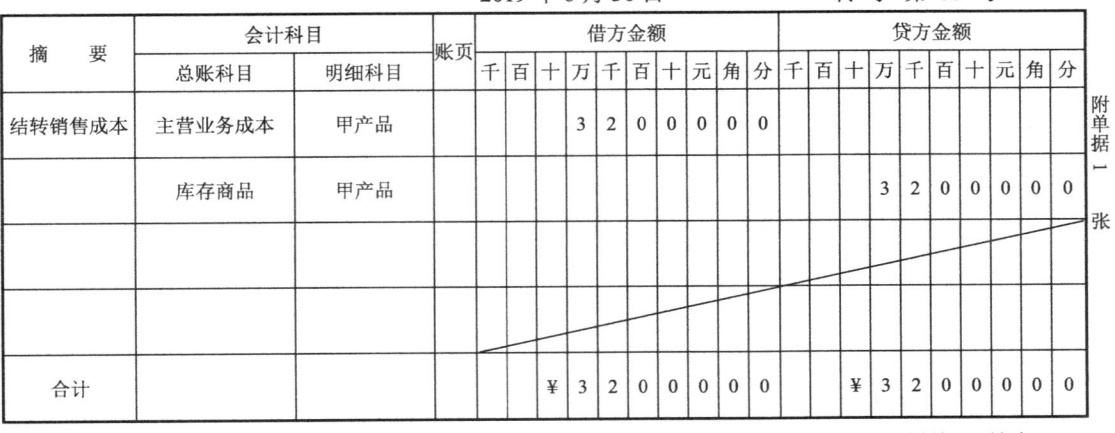

2019 年 6 月 30 日　　　　　　　　　　　转 字 第 53 号

摘要	会计科目		账页	借方金额									贷方金额								
	总账科目	明细科目		千	百	十	万	千	百	十	元	角	分	千	百	十	万	千	百	十	元	角	分
结转销售成本	主营业务成本	甲产品				3	2	0	0	0	0	0											
	库存商品	甲产品														3	2	0	0	0	0	0	
合计				¥		3	2	0	0	0	0	0		¥		3	2	0	0	0	0	0	

财务主管：（签章）　　　记账：　　　审核：（签章）　　　制单：（签章）

（4）根据（3）填制通用记账凭证（见表 4-4）。

表 4-4

记账凭证

2019 年 6 月 30 日　　　　　　　　　　　记 字 第 82 号

摘要	会计科目		账页	借方金额									贷方金额								
	总账科目	明细科目		千	百	十	万	千	百	十	元	角	分	千	百	十	万	千	百	十	元	角	分
结转销售成本	主营业务成本	甲产品				3	2	0	0	0	0	0											
	库存商品	甲产品														3	2	0	0	0	0	0	
合计				¥		3	2	0	0	0	0	0		¥		3	2	0	0	0	0	0	

财务主管：（签章）　　　记账：　　　出纳：　　　审核：（签章）　　　制单：（签章）

实训资料

正确解读以下原始凭证，并根据所给原始凭证正确填制记账凭证。

（1）收款凭证的填制。

要求：根据表 4-5 填制表 4-6。

表 4-5

中国工商银行 进 账 单（收账通知）

2019 年 6 月 5 日　　　　　　　　　　　　No.3289529

出票人	全称	中原市绿园商贸大厦	收款人	全称	中原市威远有限责任公司
	账号	6632 7785 0008 3569		账号	6632 7785 6358 9720
	开户银行	中国工商银行中原市高新支行		开户银行	中国工商银行中原市阳光路支行

人民币（大写）肆万伍仟元整　　　　　　￥ 4 5 0 0 0 0 0（千百十万千百十元角分）

票据种类	转账支票
票据张数	正联一张

中国工商银行中原阳光路支行
2019 年 6 月 5 日
转讫

出票人开户银行签章

单位主管　　会计　　复核　　记账

此联是持票人开户银行交给持票人的收账通知

表 4-6

收款凭证

借方科目：　　　　　　　年　月　日　　　　　　　字第　号

摘要	贷方科目		账页	金额								
	总账科目	明细科目		千	百	十	万	千	百	十	元	角	分
合计													

财务主管：　　记账：　　出纳：　　审核：　　制单：

附单据　张

（2）付款凭证的填制。

要求：根据表 4-7 填制表 4-8。

表 4-7

中国工商银行转账支票存根	中国工商银行 **转账支票** （豫）支票号码 00866421
支票号码 00866421	出票日期（大写）贰零壹玖年陆月零捌日　付款行名称：中国工商银行中原市阳光路支行
科　　目 _____	收款人：百利文具有限责任公司　　出票人账号：6632 7785 6358 9720
对方科目 _____	人民币（大写）**伍仟元整**　　￥5 0 0 0 0 0
出票日期 2019 年 6 月 08 日	付款期限自出票之日起十天
收款人：百利文具有限责任公司	用途　购买办公用品
金　额：￥5 000.00	本支票款项请从我账户内支付
用　途：购买办公用品	科目（借）　　对方科目（贷）
单位主管　　　会计	转讫日期　年　月　日　出纳　复核　记账　账对号单处　出纳 对号单

表 4-8

付款凭证

贷方科目：　　　　　　　　年　月　日　　　　　　付字第　　号

摘　要	借方科目		账页	金　额									
	总账科目	明细科目		千	百	十	万	千	百	十	元	角	分
合　计													

附单据　张

财务主管：　　记账：　　出纳：　　审核：　　制单：

（3）转账凭证的填制。

资料：中原市威远有限责任公司购进材料一批，材料尚未运到，款项尚未支付。

要求：根据表 4-9 填制表 4-10。

表 4-9

辽宁省增值税专用发票

2100057236　　　　　　　　发票联　　　　NO.06735636
开票日期 2019 年 6 月 21 日

购货单位	名　称：中原市威远有限责任公司 纳税人识别号：000425801556826 地址、电话：中原市阳光路 88 号　0371-68994266 开户行及账号：中国工商银行中原市阳光路支行 　　　　　　　6632 7785 6358 9720	密码区	1>728/6/684/7/780+<23-1>-5/> -78*/6>1078<+<56>78<-*34+14/ *+061-86<*3>757344/01610->3> +75*900>5+2/132<7805>34+13>+

货物或应税劳务名称	规格型号	单位	数量	单价	金额	税率	税额
A 材料		千克	1 000	15.80	15 800.00	13%	2 054.00
合计					¥15 800.00		¥2 054.00
价税合计（大写）	⊗壹万柒仟捌佰伍拾肆元整				¥17 854.00		

销货单位	名　称：东北博远有限责任公司 纳税人识别号：2003560255346 地址、电话：沈阳市南京路 28 号　024-87657880 开户行及账号：中国工商银行沈阳市南京路支行 　　　　　　　0560 0078 2415 7663	备注	东北博远有限责任公司 0004601866752 发票专用章

收款人：李欣　　　复核：　　　开票人：　　　销货单位（公章）：

表 4-10

转账凭证

年　　月　　日　　　　　　　　字第　号

摘要	会计科目		账页	借方金额									贷方金额								
	总账科目	明细科目		千	百	十	万	千	百	十	元	角	分	千	百	十	万	千	百	十	元	角	分
合计																							

财务主管：　　　记账：　　　出纳：　　　审核：　　　制单：

（4）通用记账凭证的填制。

要求：根据表 4-9 填制表 4-11。

表 4-11

记账凭证

年　月　日　　　　　　　　　　　　　字第　号

摘要	会计科目		账页	借方金额										贷方金额										
	总账科目	明细科目		千	百	十	万	千	百	十	元	角	分	千	百	十	万	千	百	十	元	角	分
合计																								

附单据　　　张

财务主管：　　　记账：　　　出纳：　　　审核：　　　制单：

任务二　审核记账凭证

实训目标

通过对记账凭证的审核，确保记账凭证准确无误，为登记账簿奠定基础。

实训指导

记账凭证内容的审核主要包括以下三个方面。

1．真实合法性

审核记账凭证记录的内容与所附原始凭证反映的内容是否相符，是否真实，是否符合国家统一规定。

2．完整齐全性

审核记账凭证中有关项目的填列是否齐全，有关人员是否签章完备，所附原始凭证张数是否齐全。

3．规范准确性

审核记账凭证记录的经济业务应借、应贷科目是否正确，金额与原始凭证是否一致、借贷方金额是否相等，记账凭证中的记录文字、数字是否工整、清晰，是否符合规范要求，错误是否按规定方法进行更正。

实训资料

要求：审核以下所给记账凭证并指出正确的处理方式。

（1）根据表 4-12 审核表 4-13。

表 4-12

中国工商银行 进 账 单（收账通知）

2019 年 6 月 13 日　　　　　　　　　　　　　　No.3289530

出票人	全称	中原市华兴公司	收款人	全称	中原市威远有限责任公司
	账号	6632 7785 0128 6777		账号	6632 7785 6358 9720
	开户银行	中国工商银行中原市高新支行		开户银行	中国工商银行中原市阳光路支行

人民币（大写）陆万贰仟元整　　　　　　　¥ 6 2 0 0 0 0 0（千百十万千百十元角分）

票据种类	转账支票
票据张数	正联一张

中国工商银行中原阳光路支行
2019 年 6 月 13 日
转讫

出票人开户银行签章

单位主管　会计　复核　记账

表 4-13

收款凭证

借方科目：银行存款　　　2019 年 6 月 13 日　　　银收字第 03 号

摘要	贷方科目		账页	金额（千百十万千百十元角分）
	总账科目	明细科目		
收回销货款	应收账款	华兴公司		6 2 0 0 0 0 0
合计				6 2 0 0 0 0 0

附单据 1 张

财务主管：（略）　记账：（略）　出纳：（略）　审核：（略）　制单：（略）

（2）根据表 4-14、表 4-15 审核表 4-16。

表 4-14

4100114152

河南省增值税专用发票
发票联

No.0078039

开票日期：2019 年 6 月 2 日

购货单位	名　　称：中原市威远有责任公司 纳税人识别号：000425801556826 地　址、电　话：中原市阳光路 88 号　0371-68994266 开户行及账号：中国工商银行中原市阳光路支行 　　　　　　　　6632 7785 6358 9720	密码区	+75*900>5+2/132<7805>34+13>+ 7805<>34+13>+75<07075+2/132+ 6780+<23-1>-5//684/7>1>728/> >78<078<+<56-*34+14-78*/6>1/

货物或应税劳务名称	规格型号	单位	数量	单价	金额	税率	税额
广告费					56 603.77	6%	3 396.23
合计					¥56 603.77		¥3 396.23
价税合计（大写）	※陆万元整				¥60000.00		

销货单位	名　　称：中原市先锋文化有限责任公司 纳税人识别号：0009800666123 地　址、电　话：中原市大庆路 08 号　0371-63859622 开户行及账号：工商行大庆支行 　　　　　　　　0560 0078 2415 7663	备注	

收款人：王丽　　　复核：　　　开票人：　　　销货单位（公章）：

第三联　发票联　购货方记账凭证

表 4-15

中国工商银行转账支票存根
支票号码 0032620

科　　目 _____
对方科目 _____
出票日期 2019 年 6 月 2 日

收款人：先锋文化有限责任公司
金　额：¥60 000.00
用　途：广告费

单位主管　　　会计

表4-16

付款凭证

贷方科目：银行存款　　　2019年6月02日　　　银收字第15号

摘要	借方科目		账页	金额									
	总账科目	明细科目		千	百	十	万	千	百	十	元	角	分
支付广告费	管理费用						5	6	6	0	3	7	7
	应交税费	应交增值税（进项税额）						3	3	9	6	2	3
合计						¥	6	0	0	0	0	0	0

附单据1张

财务主管：（略）　　记账：（略）　　出纳：（略）　　审核：（略）　　制单：（略）

（3）根据表4-17、表4-18审核表4-19。

表4-17

河南省增值税专用发票　No.00295600

发票联　　开票日期：2019年6月10日

4100114152

购货单位	名　　称：中原市威远有限责任公司 纳税人识别号：000425801556826 地址、电话：中原市阳光路88号　0371-68994266 开户行及账号：中国工商银行中原市阳光路支行 6632 7785 6358 9720	密码区	5+2/132<7805>34+13>++75*900> >34+13>+755<780<07075+2/132+ /684/7>6780+<23-1>-5/1>728/> >78<078<+<56-*34+14-78*/6>1/

货物或应税劳务名称	规格型号	单位	数量	单价	金额	税率	税额
A材料		千克	2 100	15.40	32 340.00	13%	4 204.20
B材料		千克	1 600	9.00	14 400.00	13%	1 872.00
合计					¥46 740.00		¥6 076.20

价税合计（大写）	⊗伍万贰仟捌佰壹拾陆元贰角整　　　　¥52 816.20

销货单位	名　　称：西宁市顺达公司 纳税人识别号：0003567103318 地址、电话：西宁市西江路76号　0971-76350646 开户行及账号：中国工商银行西宁市西江路支行 356800236113	备注	

第三联　发票联　购货方记账凭证

收款人：李东远　　复核：　　　开票人：　　　销货单位（公章）：

表 4-18

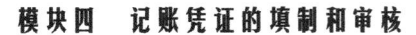

材料入库单

验收仓库：2#仓库　　　　　　2019 年 6 月 10 日　　　　　　　　　　单位：元

供应单位：西宁市顺达公司					合同号	01348	发票号	9736512
材料编号	材料名称	计量单位	数量		实际成本			
			应收	实收	单价	金额	运费	合计
A1001	A 材料	千克	2 100	2 100	15.40	32 340.00		32 340.00
B2002	B 材料	千克	1 600	1 600	9.00	14 400.00		14 400.00
合计						¥46 740.00		¥46 740.00

会计　　　　　　　记账　　　　　　保管员　周红　　　　　经办人　张胜

表 4-19

付款凭证

贷方科目：银行存款　　　　　　2019 年 6 月 10 日　　　　　　　　银收字第 19 号

摘　要	借方科目		账页	金　额									
	总账科目	明细科目		千	百	十	万	千	百	十	元	角	分
购料	原材料	A 材料				3	2	3	4	0	0	0	
		B 材料				1	4	4	0	0	0	0	
	应交税费	应交增值税（进项税额）					6	0	7	6	2	0	
合　计					¥	5	2	8	1	6	2	0	

附单据 2 张

财务主管：（略）　　记账：（略）　　出纳：（略）　　审核：（略）　　制单：（略）

任务三　记账凭证的整理装订

实训目标

能够正确整理和装订记账凭证，从而便于会计档案的保管和查阅。

实训指导

1. 凭证的整理

会计凭证的整理，主要是对记账凭证所附的原始凭证进行整理。

会计实务中收到的原始凭证的纸张往往大小不一，因此需要按照记账凭证的大小进行折叠或粘贴。

（1）对面积大于记账凭证的原始凭证采用折叠的方法，按照记账凭证的面积尺寸，将原

始凭证先自右向左，再自下向上两次折叠。折叠时应注意将凭证的左下角或左侧面空出，以便于装订后的展开查阅。

（2）对于纸张面积过小的原始凭证，则采用粘贴的方法，即按一定次序和类别将原始凭证粘贴在一张与记账凭证大小相同的白纸上。粘贴时要注意，应尽量将同类同金额的单据粘在一起；如果是板状票证，可以将票面票底轻轻撕开，厚纸板弃之不用；粘贴完成后，应在白纸一旁注明原始凭证的张数和合计金额。

（3）对于纸张面积略小于记账凭证的原始凭证，则可以用回形针或大头针别在记账凭证后面，待装订凭证时，抽去回形针或大头针。

（4）对于数量过多的原始凭证，如工资结算表、领料单等，可以单独装订保管，但应在封面上注明原始凭证的张数、金额，所属记账凭证的日期、编号、种类。封面应一式两份，一份作为原始凭证装订成册的封面，封面上注明"附件"字样；另一份附在记账凭证的后面，同时在记账凭证上注明"附件另订"，以备查考。

（5）各种经济合同、存出保证金收据及涉外文件等重要原始凭证，应当另编目录，单独登记保管，并在有关的记账凭证和原始凭证上相互注明日期和编号。

2．凭证的装订

（1）凭证装订的要求。

① 会计凭证按月装订，序号每月一编。记账凭证少的，可以一个月装订一本；一个月内凭证数量较多的，可装订成若干册，并在凭证封面上注明本月总计册数和本册数。装订好的会计凭证厚度通常在 2.0~3.0 厘米之间。

② 采用科目汇总表会计核算形式的企业，原则上以一张科目汇总表及所附的记账凭证、原始凭证装订成一册，凭证少的，也可将若干张科目汇总表及相关记账凭证、原始凭证合并装订成一册。科目汇总表的工作底稿也可以装订在内，作为科目汇总表的附件。使用计算机的企业，还应将转账凭证清单等装订在内。

③ 装订成册的会计凭证必须加盖封面，封面上应注明单位名称、年度、月份和起讫日期、凭证种类、起讫号码，由装订人在装订线封签外签名或盖章。

（2）凭证装订的方法。

凭证装订的方法较多，常用的方法有左边装订线处装订法、左上角包角装订法等。其中，左上角包角装订法做起来比较美观，这里主要介绍左上角包角装订法的步骤。

① 将凭证封面和封底裁开，分别附在凭证前面和后面。

② 另取一张凭证封面，一分四份，将其中的一份（另外的三份可以留作以后装订凭证使用）放在封面上角，与左上角对齐，做护角用。

③ 在凭证的左上角画一个边长为 5 厘米的等腰三角形，将凭证磕齐后用夹子夹住，用装订机在底线上均匀地打两个孔。

④ 用大针引线绳依次分别穿过两个孔。从凭证背面下针，从 A 点穿入向外走一圈后复入 A 点，再穿入 B 点，依旧是向外走一圈后复入 B 点，然后将线从针眼中取出，一手拽住 B 点的线，一手拽住 A 点的线，拉紧线绳然后在背面打结。

⑤ 将护角纸向左上侧折，并从其上侧和左侧剪开至凭证的左上角处，剩余部分向后折

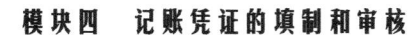

叠到凭证的背面,将背面的绳结包住,抹上胶水粘牢。

具体步骤如图4-1所示。

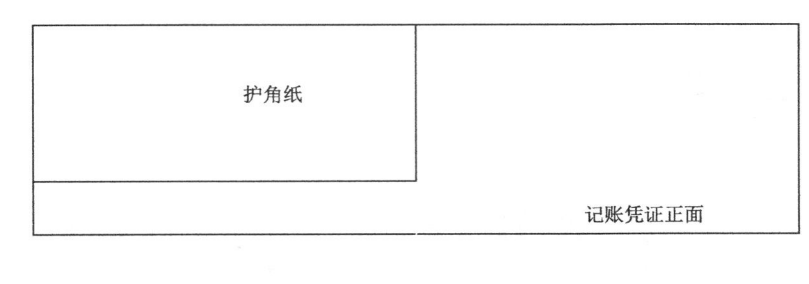

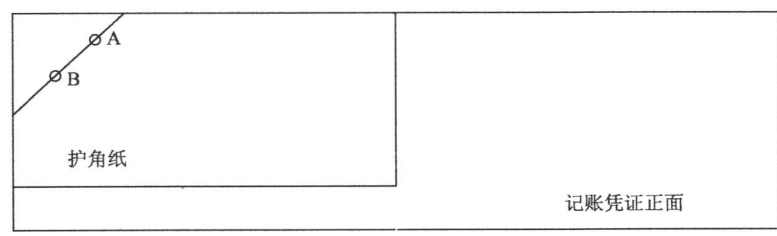

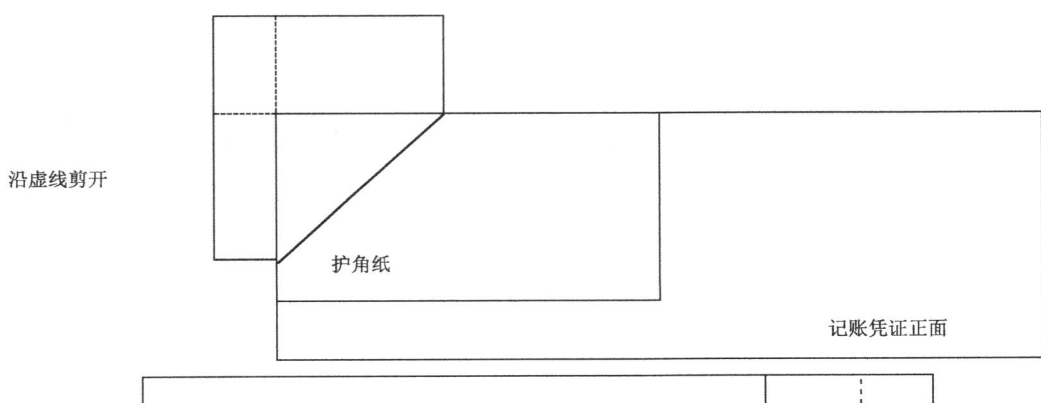

图 4-1

模块五

账簿的建立和登记

实训要求

　　设置和登记会计账簿是连接会计凭证和会计报表的中间环节。通过本模块实训，使学生能够从账簿的建立、账簿的登记、错账的更正，以及对账和结账几个方面全面理解并掌握设置和登记会计账簿的基本技能。

模块五　账簿的建立和登记

任务一　账簿的建立

实训目标

能够根据提供的资料，按照要求正确填写账簿启用登记表，建立企业年度账。

实训指导

实行独立核算的国家机关、社会团体、企业、事业单位和其他组织都应该依法设置会计账簿。依法建立账簿，不仅是国家法律的强制要求，也是加强单位经营管理的客观需要。各单位应建立的会计账簿包括总账、明细账、日记账及其他辅助性账簿。

建账的基本程序如下。

（1）按照所需各种账簿的格式要求，预备各种账簿。日记账可以采用三栏式（或多栏式）账页格式，必须采用订本式账簿形式。《会计基础工作规范》对总账的具体形式未进行统一规定，总账一般采用三栏式账页格式，订本式账簿形式。明细账根据所记录业务管理上的要求和需要，可以采用三栏式、数量金额式、多栏式和横线登记式的账页格式，一般采用活页账。

（2）在"账簿启用表"上，应写明单位名称、账簿名称、册数、编号、起止页数、启用日期，以及记账人员和会计主管人员姓名，并加盖名章和单位公章，粘贴印花税票。记账人员在本年度调动工作时，应注明交接日期、接办人员和监交人员姓名，并由交接双方签名或盖章，以明确经济责任。

（3）按照会计科目表的顺序，在总账账页上建立总账账户；根据明细核算的要求，在各种明细账页上建立明细账户。原有单位在年度开始建立各级账户的同时，应将上年账户余额结转过来，在第一行摘要栏注明"上年结转"字样（上年账户最后一行摘要栏注明"结转下年"字样）。

（4）记账人员在账簿中开设账页户头后，按顺序将每个账户的名称和页数在"账簿目录"进行登记，以便于查阅账簿内容。使用活页式账簿，启用时若无法确定页数，可先填好账户名称，待年终装订归档时再填写页数，并粘贴索引纸（账户标签），写明账户名称，以利检索。

实训资料

（1）2019年1月1日中原市兴华有限公司开始建账，请填写总分类账的账簿启用表（见表5-1）（相关信息：记账为孙丽；账簿编号01；本账簿共计100页；第一册）。

（2）中原市鸿盛有限公司2019年1月1日"库存现金"的期初余额为2 580元，请建立2019年"库存现金"总账（见表5-2）。

表5-1

账簿启用表

单位名称									单位公章	
账簿名称										
账簿编号			字第　　号第　　册共　　册							
账簿页数			本账簿共计　　页							
启用日期			年　　月　　日							
经管人员		接管			移交			会计负责人		印花税票粘贴处
姓名	盖章	年	月	日	年	月	日	姓名	签章	

表5-2

总分类账

账户名称：

年		凭证		摘要	借方									贷方									借或贷	余额								
月	日	字	号		百	十	万	千	百	十	元	角	分	百	十	万	千	百	十	元	角	分		百	十	万	千	百	十	元	角	分

任务二 账簿的登记

实训 1 日记账的登记

实训目标

能够根据提供的收、付款凭证登记现金日记账和银行存款日记账。

实训指导

日记账是按照经济业务发生或完成的时间顺序逐笔进行登记的账簿,主要分为现金日记账和银行存款日记账两种。

1. 现金日记账

现金日记账是用来记录企业库存现金每天收入、支出和结存情况的账簿。由出纳人员按时间先后顺序逐日逐笔进行登记。根据现金收款凭证和与现金有关的银行存款付款凭证(从银行提取现金的业务)登记现金收入;根据现金付款凭证登记现金支出;每日终了结出现金余额,与库存现金实存数进行核对,以检查账簿记录是否正确。

现金日记账的登记方法如下。

(1)日期栏:根据所依据的记账凭证日期登记。

(2)凭证栏:按照所依据的记账凭证种类和编号登记,若是现金收款凭证,则登记"现收"字;若是现金付款凭证,则登记"现付"字。采用通用记账凭证的,一律登记"记"字。另外,要将编号写在号数栏,以便查账和核对。

(3)摘要栏:按照所依据的记账凭证的摘要进行登记。

(4)对方科目栏:为了方便查看每笔现金业务的来源和去向,要按照记账凭证所列的对方科目进行登记。当对应科目有多个时,应填入主要对应科目,如销售产品收到现金,则对应科目有"主营业务收入"和"应交税费",此时可在对应科目栏中填入"主营业务收入",在借方金额栏中填入取得的现金总额,而不能将一笔现金增加业务拆分为两个对应科目金额填入两行。

(5)收入栏、支出栏:均按照所依据的记账凭证金额进行登记。

(6)余额栏:库存现金余额可以逐笔结计,也可以按日结计。一般情况下,按日结计时若当日只有一笔业务,直接结出余额即可,可以不再另起一行进行"本日合计";若当日有两笔或两笔以上业务,则要另起一行,进行"本日合计",结出本日发生额合计及余额。

现金日记账的具体登记方法见表 5-3。

表 5-3
现金日记账

19年月	日	凭证字	凭证号	对方科目	摘要	收入 百	十	万	千	百	十	元	角	分	支出 百	十	万	千	百	十	元	角	分	余额 百	十	万	千	百	十	元	角	分
4	30				本月合计																							2	0	0	0	0	0
5	4	现付	1	管理费用	购办公用品														5	0	0	0	0					1	5	0	0	0	0
	6	现付	2	其他应收款	预借差旅费													1	2	0	0	0	0						3	0	0	0	0
	10	银付	5	银行存款	提现备用				3	0	0	0	0	0																			
	10	现付	3	在途物资	支付运费														8	0	0	0	0										
	10	现付	4	营业外支出	支付违约金													1	2	0	0	0	0										
	10	现收	1	其他业务收入	出售材料					9	8	0	0	0																			
	10				本日合计				3	9	8	0	0	0				2	0	0	0	0	0					2	2	8	0	0	0
				…	…																												
	31				本日合计					4	0	0	0	0														3	0	0	0	0	0
	31				本月合计				7	2	5	0	0	0				6	2	5	0	0	0					3	0	0	0	0	0

2. 银行存款日记账

银行存款日记账是用来记录银行存款每天的收入、支出和结余情况的账簿。由出纳人员按时间先后顺序逐日逐笔进行登记。根据银行存款的收款凭证和有关的现金付款凭证（库存现金存入银行的业务）登记银行存款的收入栏；根据银行存款的付款凭证登记其支出栏；每日终了结出银行存款余额。

提示：银行存款日记账的登记方法和现金日记账基本相同，这里不再重复介绍。具体方法见表 5-4。

表 5-4

银行存款日记账

19年月	19年日	凭证字	凭证号	对方科目	摘要	收入 百	收入 十	收入 万	收入 千	收入 百	收入 十	收入 元	收入 角	收入 分	支出 百	支出 十	支出 万	支出 千	支出 百	支出 十	支出 元	支出 角	支出 分	余额 百	余额 十	余额 万	余额 千	余额 百	余额 十	余额 元	余额 角	余额 分
4	30				本月合计																					2	8	0	0	0	0	0
5	3	银收	1	短期借款	取得借款			2	0	0	0	0	0	0												4	8	0	0	0	0	0
	5	银付	1	在途物资	购入材料												2	3	4	0	0	0	0										
	5	银付	2	应付账款	偿还货款												1	8	5	0	0	0	0										
	5				本日合计												2	0	8	4	0	0	0			2	7	1	6	0	0	0
	8	银付	3	库存现金	提取现金													5	0	0	0	0	0			2	6	6	6	0	0	0
	9	银付	4	应交税费	缴纳税金												1	2	0	0	0	0	0										
	9	银收	2	主营业务收入	销售产品				5	3	6	0	0	0																			
	9				本日合计				5	3	6	0	0	0			1	2	0	0	0	0	0			3	0	8	2	0	0	0
					...																												
	31				本月合计			3	5	6	9	0	0	0			4	3	4	9	0	0	0			2	0	2	0	0	0	0

实训资料

中原市兴华有限公司 2019 年 8 月根据所发生的经济业务编制的记账凭证见表 5-5～表 5-17（省略"附单据×张"）。

要求：根据收付款凭证登记现金日记账和银行存款日记账，见表 5-18 和表 5-19。

表 5-5

收款凭证

借方科目：银行存款　　　　　　　2019 年 8 月 3 日　　　　　　　银收字第 01 号

摘要	贷方科目 总账科目	贷方科目 明细科目	账页	金额 千	金额 百	金额 十	金额 万	金额 千	金额 百	金额 十	金额 元	金额 角	金额 分
销售A产品	主营业务收入	A产品					5	0	0	0	0	0	0
	应交税费	应交增值税（销项税额）						6	5	0	0	0	0
合　计					¥	5	6	5	0	0	0	0	

财务主管：　　　　　记账：　　　　　出纳：××　　　　　审核：××　　　　　制单：××

表5-6

转账凭证

2019 年 8 月 5 日　　　　　　　　　　　　　　　　　转字第 01 号

摘　要	会计科目		账页	借方金额									贷方金额								
	总账科目	明细科目		千	百	十	万	千	百	十	元	角	分	千	百	十	万	千	百	十	元	角	分
购买材料	原材料	甲材料				1	6	0	0	0	0	0											
	原材料	乙材料					2	0	0	0	0	0	0										
	应交税费	应交增值税（进项税额）						4	6	8	0	0	0										
	应付账款	明达公司															4	0	6	8	0	0	0
合　计				¥	4	0	6	8	0	0	0			¥	4	0	6	8	0	0	0		

财务主管：　　　　记账：　　　　审核：××　　　　制单：××

（注：所购甲材料重160千克，单价100元；所购乙材料重250千克，单价80元。）

表5-7

收款凭证

借方科目：库存现金　　　　2019 年 8 月 5 日　　　　　　　现收 字第 01 号

摘　要	贷方科目		账页	金　额								
	总账科目	明细科目		千	百	十	万	千	百	十	元	角	分
收到包装物押金	其他应付款	存入保证金							8	0	0	0	0
合　计								¥	8	0	0	0	0

财务主管：　　　　记账：　　　　出纳：××　　　　审核：××　　　　制单：××

表5-8

付款凭证

贷方科目：银行存款　　　　2019 年 8 月 10 日　　　　　　银付 字第 01 号

摘　要	借方科目		账页	金　额									
	总账科目	明细科目		千	百	十	万	千	百	十	元	角	分
发放职工工资	应付职工薪酬	工资					1	7	6	0	0	0	0	0
合　计							¥	1	7	6	0	0	0	0	0

财务主管：　　　　记账：　　　　出纳：××　　　　审核：××　　　　制单：××

表 5-9

付款凭证

贷方科目：库存现金　　　　2019 年 8 月 11 日　　　　　　现付 字第 01 号

摘 要	借方科目		账页	金 额									
	总账科目	明细科目		千	百	十	万	千	百	十	元	角	分
购买办公用品	管理费用	办公费							3	6	0	0	0
合 计									¥3	6	0	0	0

财务主管：　　　　记账：　　　　出纳：××　　　　审核：××　　　　制单：××

表 5-10

转账凭证

2019 年 8 月 13 日　　　　　　　　　　转字第 02 号

摘 要	会计科目		账页	借方金额										贷方金额									
	总账科目	明细科目		千	百	十	万	千	百	十	元	角	分	千	百	十	万	千	百	十	元	角	分
购买原材料	原材料	甲材料					1	8	0	0	0	0	0										
	应交税费	应交增值税（进项税额）						2	3	4	0	0	0										
	应付账款	明达公司															2	0	3	4	0	0	0
合 计						¥	2	0	3	4	0	0	0			¥	2	0	3	4	0	0	0

财务主管：　　　　记账：　　　　审核：××　　　　制单：××

（注：所购甲材料重 200 千克，单价 90 元。）

表 5-11

付款凭证

贷方科目：库存现金　　　　2019 年 8 月 15 日　　　　　　现付 字第 02 号

摘 要	借方科目		账页	金 额									
	总账科目	明细科目		千	百	十	万	千	百	十	元	角	分
支付招待餐费	管理费用	业务招待费							9	8	0	0	0
合 计									¥9	8	0	0	0

财务主管：　　　　记账：　　　　出纳：××　　　　审核：××　　　　制单：××

表 5-12

收款凭证

借方科目：库存现金　　　　2019 年 8 月 16 日　　　　　　现收 字第 02 号

摘　要	贷方科目		账页	金　额								
	总账科目	明细科目		千	百	十	万	千	百	十	元	角	分
销售材料	其他业务收入							6	0	0	0	0
	应交税费	应交增值税（销项税额）							7	8	0	0
合　计							¥	6	7	8	0	0

财务主管：　　　　记账：　　　　出纳：××　　　　审核：××　　　　制单：××

表 5-13

付款凭证

贷方科目：银行存款　　　　2019 年 8 月 18 日　　　　　　银付 字第 02 号

摘　要	借方科目		账页	金　额								
	总账科目	明细科目		千	百	十	万	千	百	十	元	角	分
支付广告费	销售费用	广告费					1	0	0	0	0	0
	应交税费	应交增值税（进项税额）						6	0	0	0	0
合　计							¥	1	0	6	0	0	0

财务主管：　　　　记账：　　　　出纳：××　　　　审核：××　　　　制单：××

表 5-14

收款凭证

借方科目：银行存款　　　　2019 年 8 月 20 日　　　　　　银收 字第 02 号

摘　要	贷方科目		账页	金　额								
	总账科目	明细科目		千	百	十	万	千	百	十	元	角	分
取得长期借款	长期借款					2	0	0	0	0	0	0
合　计						¥	2	0	0	0	0	0	0

财务主管：　　　　记账：　　　　出纳：××　　　　审核：××　　　　制单：××

表 5-15

付款凭证

贷方科目：银行存款　　　　　2019 年 8 月 25 日　　　　　银付 字第 03 号

摘要	借方科目		账页	金额								
	总账科目	明细科目		千	百	十	万	千	百	十	元	角	分
偿还货款	应付账款	明达公司					5	0	0	0	0	0	0
合 计						¥	5	0	0	0	0	0	0

财务主管：　　　记账：　　　出纳：××　　　审核：××　　　制单：××

表 5-16

转账凭证

2019 年 8 月 31 日　　　　　转字第 03 号

摘要	会计科目		账页	借方金额										贷方金额									
	总账科目	明细科目		千	百	十	万	千	百	十	元	角	分	千	百	十	万	千	百	十	元	角	分
领用材料	生产成本	A产品					3	5	0	0	0	0	0										
	管理费用	维修费						5	0	2	0	0	0										
	其他业务成本								4	8	0	0	0										
	原材料	甲材料																2	8	5	0	0	0	0
	原材料	乙材料																	1	2	0	0	0	0
合 计							¥	4	0	5	0	0	0				¥	4	0	5	0	0	0

财务主管：　　　记账：　　　审核：××　　　制单：××

（注：甲材料领用共计 300 千克，乙材料领用共计 150 千克，材料发出按月末加权平均法计价。）

表 5-17

转账凭证

2019 年 8 月 31 日　　　　　转字第 04 号

摘要	会计科目		账页	借方金额										贷方金额									
	总账科目	明细科目		千	百	十	万	千	百	十	元	角	分	千	百	十	万	千	百	十	元	角	分
计提折旧	制造费用	折旧费						5	0	0	0	0	0										
	管理费用	折旧费						1	0	0	0	0	0										
	销售费用	折旧费							8	0	0	0	0										
	累计折旧																		6	8	0	0	0	0
合 计							¥	6	8	0	0	0	0				¥	6	8	0	0	0	0

财务主管：　　　记账：　　　审核：××　　　制单：××

表 5-18

现金日记账

19年		凭证		对方科目	摘 要	收 入									支 出									余 额								
月	日	字	号			百	十	万	千	百	十	元	角	分	百	十	万	千	百	十	元	角	分	百	十	万	千	百	十	元	角	分
8	1				期初余额																					1	0	0	0	0	0	0

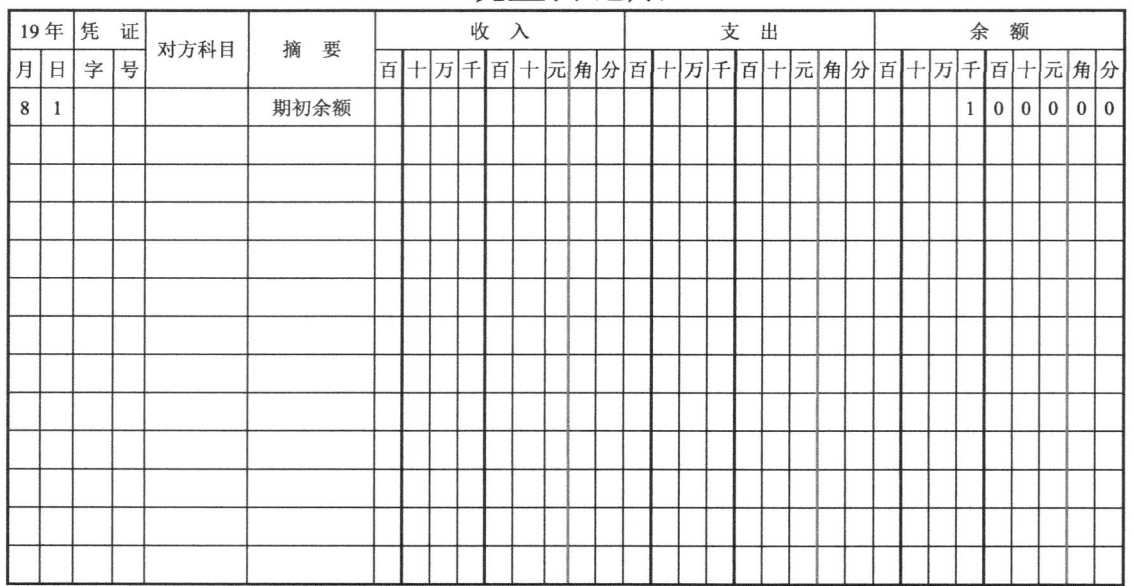

表 5-19

银行存款日记账

19年		凭证		对方科目	摘 要	收 入									支 出									余 额								
月	日	字	号			百	十	万	千	百	十	元	角	分	百	十	万	千	百	十	元	角	分	百	十	万	千	百	十	元	角	分
8	1				期初余额																				1	5	0	0	0	0	0	0

实训 2　总分类账的登记

实训目标

能够根据提供的收、付、转记账凭证登记总分类账。

实训指导

账簿登记的规则和方法如下。

（1）必须根据审核无误的会计凭证登记账簿。

（2）登记账簿时，应将日期、凭证字号、业务摘要和金额等资料填写完整。

（3）账簿中书写的文字和数字上面要留有适当空格，不要写满格，一般应占格距的二分之一。

（4）登记账簿要使用蓝黑墨水或碳素墨水笔书写，不得使用圆珠笔或铅笔。下列情况可以用红色墨水记账。

① 按照红字冲账的记账凭证，冲销错误记录。

② 在不设借贷等栏的多栏式账页中，登记减少数。

③ 在三栏式账户的余额栏前，如未印明余额方向时，在余额栏内登记负数余额。

④ 根据国家统一会计制度的规定可以用红字登记的其他会计记录。

（5）各种账簿按页次顺序连续登记，不得跳行、隔页。如果发生跳行、隔页，则应将空行、空页划线注销，或者注明"此行空白""此页空白"字样，并由记账人员签名或盖章。

（6）期末结出余额后，应在"借或贷"等栏内写明"借"或"贷"等字样。对于没有余额的账户，应在"借或贷"栏内写"平"字，并在余额栏内用"0"表示。

总分类账是按每一个总分类科目开设账户，进行分类登记的账簿。它能够总括地反映各会计要素具体内容的增减变动情况和变动结果。由于企业所采用的账务处理程序的不同，总分类账的登记方法也不同，既可以根据记账凭证逐笔登记，也可以先将记账凭证汇总编制为科目汇总表或汇总记账凭证，再据此登记总分类账。本实训主要练习在记账凭证账务处理程序下总账的登记。

实训资料

中原市兴华有限公司 2019 年 8 月根据所发生经济业务编制的记账凭证见表 5-5～表 5-17。

要求：根据记账凭证登记原材料总分类账户和应交税费总分类账户，见表 5-20 和表 5-21。

表 5-20
总分类账

账户名称：原材料

19年		凭证字号	摘要	借方									贷方									借或贷	余额								
月	日			百	十	万	千	百	十	元	角	分	百	十	万	千	百	十	元	角	分		百	十	万	千	百	十	元	角	分
8	1		期初余额																			借			4	0	0	0	0	0	

表 5-21
总分类账

账户名称：应交税费

19年		凭证字号	摘要	借方									贷方									借或贷	余额								
月	日			百	十	万	千	百	十	元	角	分	百	十	万	千	百	十	元	角	分		百	十	万	千	百	十	元	角	分
8	1		期初余额																			贷			3	4	0	0	0	0	

实训 3　明细分类账的登记

实训目标

能够根据提供的收、付、转记账凭证登记各种明细分类账。

实训指导

根据其经营管理的要求及所记载经济业务内容的不同，企业明细分类账采用不同的格式。

1．三栏式明细分类账

三栏式明细分类账是指在账页内只设"借方""贷方""余额"三个金额栏的明细账。它适用于只要求提供价值指标的账户，如应收账款、应付账款和实收资本等账户的明细分类账。

2．多栏式明细分类账

多栏式明细分类账是指根据经营管理的需要和经济业务的特点，在借方栏或贷方栏下设置多个栏目用于记录某一会计科目所属的各明细项目的内容。一般适用于成本、费用类的明细账，如管理费用、生产成本、制造费用、营业外收入和利润分配等账户的明细分类账。

3．数量金额式明细分类账

数量金额式明细分类账是指在账页的"借方""贷方""余额"各栏中再分别设置"数量""单价""金额"栏目的明细账。它适用于既要提供价值指标又要提供数量指标的账户，如原材料、库存商品等账户的明细分类账。

4．横线登记式明细分类账

横线登记式明细分类账是指将每一相关业务登记在一行，从而可依据每一行各个栏目的登记是否齐全来判断该项业务的进展情况。此明细分类账适用于登记材料采购业务、其他应收款业务等。

实训资料

中原市兴华有限公司2019年8月根据发生的经济业务编制的记账凭证见表5-5～表5-17。

要求：根据记账凭证登记应付账款明细分类账（见表5-22）、原材料（甲材料）明细分类账（见表5-23）和管理费用明细分类账（见表5-24）。

表 5-22

应付账款明细分类账

二级明细科目：明达公司

19年		凭证字号	摘要	借方 百十万千百十元角分	贷方 百十万千百十元角分	借或贷	余额 百十万千百十元角分
月	日						
8	1		期初余额			贷	5 0 0 0 0 0

表 5-23

原材料明细分类账

材料名称：甲材料　　规格：略　　存放地点：　　计量单位：千克

19年		凭证号	摘要	收入 数量 单价 金额 百十万千百十元角分	发出 数量 单价 金额 百十万千百十元角分	结存 数量 单价 金额 百十万千百十元角分
月	日					
8	1		期初余额			40　100　　4 0 0 0 0 0

表5-24 管理费用明细分类账

年		凭证字号	摘要	借方									合计									贷方									余额								
月	日			万	千	百	十	元	角	分	万	千	百	十	元	角	分	万	千	百	十	元	角	分	万	千	百	十	元	角	分	百	十	万	千	百	十	元	角	分

任务三　错账的更正

实训目标

能够根据资料分析错账类型，正确使用错账更正方法进行错账的更正。

实训指导

如果发现账簿记录有错误，则应按照规定的方法进行更正，不得涂改、挖补或用化学试剂消除字迹。错账的更正方法有以下三种。

1．划线更正法

如果发现账簿记录有错误，而其所依据的记账凭证没有错误，即纯属记账时文字或数字的笔误，则应采用划线更正的方法进行更正。更正的方法如下。

（1）在错误的文字或数字上划一条红色横线注销，但必须使原有字迹仍可辨认。对于文字错误，可只划去错误的文字并进行更正；对于数字错误，必须全部划去。

（2）在划线注销的上方空格用蓝字或黑字填写正确的文字或数字，并由更正人员在更正处盖章，以明确责任。

2．红字更正法

红字更正法又称红字冲销法。记账以后发现记账凭证中的应借、应贷的会计科目或记账方向有错误，或者发现记账凭证中应借、应贷的会计科目和记账方向都没有错误，只是所记金额大于应记的金额，应采用红字更正法，包括红字全部冲销法和红字差额冲销法。

红字全部冲销法的更正步骤如下。

（1）首先使用红字填制一张与原错误记账凭证内容完全相同的记账凭证，在"摘要"栏内注明"冲销×月×日第×号凭证错误"并据以用红字登记入账。

（2）再使用蓝字填制一张正确的记账凭证，在摘要栏内注明"更正×月×日第×号凭证"并据以登记入账。

当记账凭证中应借、应贷的会计科目和记账方向无误，只是多记金额时，可采用红字差额冲销法，即用红字按多记的金额填制一张与原错误记账凭证内容相同的记账凭证，在"摘要"栏内注明"冲销×月×日第×号凭证多记金额"并据以登记入账，以冲销多记金额。

3．补充登记法

若记账以后，发现记账凭证中应借、应贷的会计科目和记账方向都没有错误，只是所记金额小于应记的正确金额，应采用补充登记法。更正的方法是：将少记的金额用蓝字填制一张与原错误记账凭证所记载的内容相同的记账凭证，在摘要栏内注明"补充登记×月×日第×号凭证少记金额"并据以登记入账，以补记少记金额。

模块五 账簿的建立和登记

实训资料

（1）中原市兴华有限公司 2019 年 9 月 15 日收到瑞星公司交来的转账支票一张，系付前欠货款，金额 50 880 元。

要求：2019 年 9 月 26 日查找出错误，并使用正确的方法进行更正。该公司会计所填制的记账凭证见表 5-25，相关账簿记录见表 5-26 和表 5-27，更正用凭证见表 5-28（银收 18 号）和表 5-29，更正使用另一账页见表 5-30。

表 5-25

收款凭证

借方科目：银行存款　　　　2019 年 9 月 15 日　　　　银收字第 01 号

摘 要	贷方科目		账页	金 额								
	总账科目	明细科目		千	百	十	万	千	百	十	元	角	分
收回货款	应付账款	瑞星公司					5	0	8	8	0	0	0
合　　计						¥	5	0	8	8	0	0	0

财务主管：×× 　　记账：×× 　　出纳：×× 　　审核：×× 　　制单：××

表 5-26

银行存款日记账

19年		凭证		对方科目	摘要	收　入									支　出									余　额								
月	日	字	号			百	十	万	千	百	十	元	角	分	百	十	万	千	百	十	元	角	分	百	十	万	千	百	十	元	角	分
9	1				期初余额																				1	4	0	0	0	0	0	0
9	15	银收	01	应付账款	收回货款			5	0	8	8	0	0	0										1	9	0	8	8	0	0	0

表 5-27
应付账款明细分类账

二级科目名称：瑞星公司

19年		凭证	摘要	借方									贷方									借或贷	余额								
月	日	字号		百	十	万	千	百	十	元	角	分	百	十	万	千	百	十	元	角	分		百	十	万	千	百	十	元	角	分
9	1		期初余额																			贷			3	6	0	0	0	0	
9	15	银收01	收回货款												5	0	8	8	0	0	0	贷			5	4	4	8	0	0	0

表 5-28
收款凭证

借方科目：　　　　　　　　　　　　年　月　日　　　　　　　　　　　　字第　　号

摘要	贷方科目		账页	金额								
	总账科目	明细科目		千	百	十	万	千	百	十	元	角	分
合计													

财务主管：　　　　记账：　　　　出纳：　　　　审核：　　　　制单：

表 5-29
收款凭证

借方科目：　　　　　　　　　　　　年　月　日　　　　　　　　　　　　字第　　号

摘要	贷方科目		账页	金额								
	总账科目	明细科目		千	百	十	万	千	百	十	元	角	分
合计													

财务主管：　　　　记账：　　　　出纳：　　　　审核：　　　　制单：

表 5-30

应收账款明细分类账

二级科目名称：瑞星公司

19年		凭证		摘要	借方									贷方									借或贷	余额								
月	日	字	号		百	十	万	千	百	十	元	角	分	百	十	万	千	百	十	元	角	分		百	十	万	千	百	十	元	角	分
9	1			期初余额																			借			5	0	8	8	0	0	0

（2）中原市兴华有限公司 2019 年 9 月 10 日完工入库 A 产品一批，成本 76 020 元，该公司会计所填制的记账凭证见表 5-31，账簿记录见表 5-32 和表 5-33。

要求：2019 年 9 月 26 日查账时发现该错误，并用正确的方法进行更正。更正用凭证见表 5-34（转字 21 号）。

表 5-31

转账凭证

2019 年 9 月 10 日 　　　　　　　　　　　　　　　　转字第 16 号

摘要	会计科目		账页	借方金额									贷方金额								
	总账科目	明细科目		千	百	十	万	千	百	十	元	角	分	千	百	十	万	千	百	十	元	角	分
产品完工入库	库存商品	A产品					7	2	0	6	0	0	0										
	生产成本	A产品															7	2	0	6	0	0	0
合 计						¥	7	2	0	6	0	0	0			¥	7	2	0	6	0	0	0

财务主管：×× 　　　　　记账：×× 　　　　　审核：×× 　　　　　制单：××

表 5-32

总分类账

账户名称：库存商品

19年		凭证		摘要	借方									贷方									借或贷	余额								
月	日	字	号		百	十	万	千	百	十	元	角	分	百	十	万	千	百	十	元	角	分		百	十	万	千	百	十	元	角	分
9	1			期初余额																			借			6	4	0	0	0	0	0
9	10	转	16	产品完工入库			7	2	0	6	0	0	0										借		1	3	6	0	6	0	0	0

表 5-33

总分类账

账户名称：生产成本

19年		凭证		摘要	借方									贷方									借或贷	余额								
月	日	字	号		百	十	万	千	百	十	元	角	分	百	十	万	千	百	十	元	角	分		百	十	万	千	百	十	元	角	分
9	10	转	16	产品完工入库												7	2	0	6	0	0	0	贷				7	2	0	6	0	0	0

表 5-34

转账凭证

年　月　日　　　　　　　　　　　　　　　　　字第　号

摘要	会计科目		账页	借方金额									贷方金额								
	总账科目	明细科目		千	百	十	万	千	百	十	元	角	分	千	百	十	万	千	百	十	元	角	分
合计																							

财务主管：　　　　　　记账：　　　　　　审核：　　　　　　制单：

（3）中原市兴华有限公司2019年10月20日取得生产周转用借款68 000元，存入该企业存款账户，该公司会计所填制的记账凭证见表5-35，相关账簿记录见表5-36和表5-37。

要求：2019年10月30日请代其查找出错误，并用正确的方法进行更正。

表5-35

收款凭证

借方科目：银行存款　　　　　　2019年10月20日　　　　　　银收 字第23 号

摘 要	贷方科目		账页	金　额								
	总账科目	明细科目		千	百	十	万	千	百	十	元	角	分
取得短期借款	短期借款					6	8	0	0	0	0	0	0
合 计					¥	6	8	0	0	0	0	0	0

财务主管：×× 　　记账：×× 　　出纳：×× 　　审核：×× 　　制单：××

表5-36

总分类账

账户名称：短期借款

19年		凭证		摘 要	借　方									贷　方									借或贷	余　额								
月	日	字	号		百	十	万	千	百	十	元	角	分	百	十	万	千	百	十	元	角	分		百	十	万	千	百	十	元	角	分
10	20	银收	23	取得短期借款												8	6	0	0	0	0	0	贷			8	6	0	0	0	0	0

表5-37

银行存款日记账

19年		凭　证		对方科目	摘 要	收　入									支　出									余　额								
月	日	字	号			百	十	万	千	百	十	元	角	分	百	十	万	千	百	十	元	角	分	百	十	万	千	百	十	元	角	分
10	15				承前页																					2	0	0	0	0	0	0	0
10	20	银收	23	短期借款	取得借款			8	6	0	0	0	0	0												2	8	6	0	0	0	0	0

（4）中原市兴华有限公司 2019 年 10 月 17 日用银行存款缴纳税收滞纳金 908.5 元，该公司会计所填制的记账凭证见表 5-38，相关账簿记录见表 5-39 和表 5-40。

要求：2019 年 10 月 30 日查找出错误，并用正确的方法进行更正。更正用凭证见表 5-41（银付字 30 号）。

表 5-38

付款凭证

贷方科目：银行存款　　　　　　　　2019 年 10 月 17 日　　　　　　　　银付字第 19 号

摘要	借方科目		账页	金额
	总账科目	明细科目		千 百 十 万 千 百 十 元 角 分
支付税收滞纳金	营业外支出	税收滞纳金		9 8 0 5 0
合　计				¥　　　　9 8 0 5 0

财务主管：××　　　记账：××　　　出纳：××　　　审核：××　　　制单：××

表 5-39

总分类账

账户名称：营业外支出

19年		凭证		摘要	借方	贷方	借或贷	余额
月	日	字	号		百 十 万 千 百 十 元 角 分	百 十 万 千 百 十 元 角 分		百 十 万 千 百 十 元 角 分
4	17	银付	19	付税收滞纳金	9 8 0 5 0		借	9 8 0 5 0

表 5-40

银行存款日记账

19年		凭证		对方科目	摘要	收入									支出									余额								
月	日	字	号			百	十	万	千	百	十	元	角	分	百	十	万	千	百	十	元	角	分	百	十	万	千	百	十	元	角	分
10	16				承前页																					1	6	9	0	0	0	0
10	17	银付	19	营业外支出	付滞纳金														9	8	0	5	0		1	6	8	0	1	9	5	0

表 5-41

付款凭证

贷方科目：　　　　　　　　　　年　月　日　　　　　　　　　字第　号

摘　　要	借方科目		账页	金额								
	总账科目	明细科目		千	百	十	万	千	百	十	元	角	分
合　计												

财务主管：　　　　记账：　　　　出纳：　　　　审核：　　　　制单：

任务四　对账与结账

实训1　对账

实训目标

掌握对账的内容和方法，能够根据会计资料按照正确的方法进行账账核对（能够编制总分类账与明细分类账发生额及余额表）和账实核对（能够编制银行存款余额调节表）。

实训指导

对账就是核对账目，是指在会计核算中，为保证账簿记录正确可靠，对账簿中的有关数

据进行检查和核对的工作。单位应当定期将会计账簿记录的有关数字与库存实物、货币资金、往来单位或个人等进行相互核对，保证账证相符、账账相符、账实相符。对账的主要内容包括如下内容。

（1）账证核对：根据各种账簿记录与记账凭证及其所附的原始凭证进行核对。核对会计账簿记录与原始凭证、记账凭证的时间、凭证字号、内容、金额是否一致，记账方向是否相符。

（2）账账核对：对各种账簿之间的有关数字进行核对，核对不同会计账簿记录是否相符。核对内容包括总账各账户借贷方金额核对；总账与明细账核对（通过编制总分类账与明细分类账发生额及余额表进行）；总账与日记账核对；会计部门的财产物资明细账与财产物资保管和使用部门的有关明细账核对等。

（3）账实核对：各种财产物资的账面余额与实存数额相互核对；核对会计账簿记录与财产等实有数额是否相符。核对内容包括现金日记账账面余额与现金实际库存数核对；银行存款日记账账面余额与银行对账单核对（通过编制银行存款余额调节表进行）；各种财产物资明细账账面余额与财产物资实存数额核对；各种应收、应付款明细账账面余额与有关债务、债权单位或个人核对等。

注意：银行存款日记账与银行对账单的核对方法。

企业银行存款的核对是采用与银行核对账目（即核对银行对账单）的方法进行的。在实际工作中，银行对账单和企业银行存款日记账的余额往往不相符，造成两者不相符的原因主要有两方面。一是企业和银行一方或双方存在记账错误，对这种情况应查明原因进行调账更正。二是存在未达账项，所谓未达账项就是指企业和银行之间由于结算凭证传递时间不一致，产生的一方已经入账，另一方由于尚未接到有关凭证而未入账的账项，对这种情况不需要调整账簿记录，但需要编制银行存款余额调节表调节相符。（注意：上期未达账项若在本期到账，对账时应注意勾对。）

实训资料

（1）中原市兴华有限公司 2019 年 12 月 1 日至 12 月 31 日银行存款日记账记录和银行对账单记录分别见表 5-42 和表 5-43。

要求：对公司银行存款进行核对，并编制银行存款余额调节表，见表 5-44。

表5-42

银行存款日记账

19年 月	19年 日	凭证 字	凭证 号	对方科目	摘要	收入 百	收入 十	收入 万	收入 千	收入 百	收入 十	收入 元	收入 角	收入 分	支出 百	支出 十	支出 万	支出 千	支出 百	支出 十	支出 元	支出 角	支出 分	余额 百	余额 十	余额 万	余额 千	余额 百	余额 十	余额 元	余额 角	余额 分
12	20				承前页																					1	8	2	0	0	0	0
12	21	银收	13	主营业务收入	销售商品			1	2	8	7	0	0	0												1	9	4	8	7	0	0
12	22	银付	19	原材料	购买材料												7	0	2	0	0	0	0			1	2	4	6	7	0	0
12	25	银收	14	应收账款	收回货款			2	5	4	0	0	0	0												3	7	8	6	7	0	0
12	27	银付	20	销售费用	支付广告费													1	8	0	0	0	0			3	6	0	6	7	0	0
12	28	银付	21	固定资产	支付设备款												2	3	4	0	0	0	0			1	2	6	6	7	0	0
12	28	银收	15	营业外收入	收到违约金				4	6	4	0	0	0												1	7	3	0	7	0	0
12	31	银付	22	管理费用	支付房租														5	8	2	0	0			1	6	7	2	5	0	0
12	31	银付	23	管理费用	支付电话费														2	1	3	0	0			1	6	5	1	2	0	0

表5-43

交通银行明细对账单

账号 6003852997176609　　　　　　　　　　　　单位名称：中原市兴华有限公司
开户行：交通银行花园路支行　　　　　　　　　　币种：人民币

日 期	结算凭证 种类	结算凭证 号数	摘 要	借方	贷方	余额
20191220			承前页			182 000
20191222	转支	1133	销售产品		12 870	194 870
20191222	电汇	0932	购买材料	70 200		124 670
20191224	转支	1134	付电费	5 665		119 005
20191225	转支	3089	收到货款		254 000	373 005
20191229	委付	1206	支付房租	5 820		367 185
20191230	委收	1135	收到货款		7 600	374 785
20191230	转支	0465	支付设备款	234 000		140 785
20191231	特转	7654	贷款利息	1 200		139 585

表5-44

银行存款余额调节表

年　月　日

摘　要	金　额										摘　要	金　额									
	千	百	十	万	千	百	十	元	角	分		千	百	十	万	千	百	十	元	角	分
《银行存款日记账》余额											《银行对账单》余额										
加：银行已收，企业未收											加：企业已收，银行未收										
1.											1.										
2.											2.										
3.											3.										
减：银行已付，企业未付											减：企业已付，银行未付										
1.											1.										
2.											2.										
3.											3.										
调节后余额											调节后余额										

（2）中原市华泰有限公司2019年8月月末编制的银行存款余额调节表见表5-45，2019年9月1日至9月30日银行存款日记账记录和银行对账单记录分别见表5-46和表5-47。

要求：对公司银行存款进行核对，并编制2019年9月份银行存款余额调节表，见表5-48。

表5-45

银行存款余额调节表

2019年　8月　31日

摘　要	金　额										摘　要	金　额									
	千	百	十	万	千	百	十	元	角	分		千	百	十	万	千	百	十	元	角	分
《银行存款日记账》余额				8	3	6	0	0	0	0	《银行对账单》余额				8	7	6	0	0	0	0
加：银行已收，企业未收					2	4	0	0	0	0	加：企业已收，银行未收										
1.					2	4	0	0	0	0	1.										
2.											2.										
减：银行已付，企业未付											减：企业已付，银行未付					1	6	0	0	0	0
1.											1.					1	6	0	0	0	0
2.											2.										
调节后余额				8	6	0	0	0	0	0	调节后余额				8	6	0	0	0	0	0

表 5-46

银行存款日记账

19年		凭证		对方科目	摘要	收入									支出									余额								
月	日	字	号			百	十	万	千	百	十	元	角	分	百	十	万	千	百	十	元	角	分	百	十	万	千	百	十	元	角	分
8	31				本月合计																					8	3	6	0	0	0	0
9	4	银付	1	应付账款	偿还欠款												1	8	7	0	0	0	0			6	4	9	0	0	0	0
	7	银收	1	应收账款	收回货款			2	4	0	0	0	0	0												6	7	3	0	0	0	0
	10	银收	2	主营业务收入	出售产品		3	5	1	0	0	0	0	0											1	0	2	4	0	0	0	0
	14	银付	2	应交税费	上缴税金													8	0	0	0	0	0			9	4	4	0	0	0	0
	16	银收	3	其他业务收入	销售材料			2	6	8	0	0	0	0											1	2	1	2	0	0	0	0
	22	银付	3	销售费用	支付展览费													5	0	0	0	0	0			1	1	6	2	0	0	0	0
	25	银付	4	在途物资	购买材料												1	2	9	0	0	0	0			1	0	3	3	0	0	0	0

表 5-47

银行对账单

单位名称：中原市华泰有限公司　　　　　　　　　　　　　　　　2019 年 9 月 30 日

2019 年		结算凭证		摘　要	借方	贷方	余额
月	日	种类	号数				
9	1			期初余额			87 600
9	2	转支	3023	偿还货款	1 600		86 000
9	8	现支	0752	支付货款	18 700		67 300
9	12	转支	3024	销售产品		35 100	102 400
9	18	电付	2546	上缴税金	8 000		94 400
9	25	委收	7709	销售材料		26 800	121 200
9	28	转支	2300	付保险费	12 000		109 200
9	30	电收	0034	收回欠款		14 000	123 200

表 5-48

银行存款余额调节表

年　月　日

摘　要	金　额										摘　要	金　额									
	千	百	十	万	千	百	十	元	角	分		千	百	十	万	千	百	十	元	角	分
《银行存款日记账》余额											《银行对账单》余额										
加：银行已收，企业未收											加：企业已收，银行未收										
1.											1.										
2.											2.										
3.											3.										
减：银行已付，企业未付											减：企业已付，银行未付										
1.											1.										
2.											2.										
3.											3.										
调节后余额											调节后余额										

（3）中原市兴华有限公司 2019 年 7 月应付账款总分类账户及明细分类账户见表 5-49～表 5-51。

要求：据此编制总分类账与明细分类账发生额及余额对照表，见表 5-52。

表 5-49

总分类账

账户名称：应付账款

2019年		凭证		摘　要	借　方									贷　方									借或贷	余　额								
月	日	字	号		百	十	万	千	百	十	元	角	分	百	十	万	千	百	十	元	角	分		百	十	万	千	百	十	元	角	分
7	1			期初余额																			贷		1	8	0	0	0	0	0	0
7	8	转	5	购料欠款											1	0	0	0	0	0	0	0	贷		2	8	0	0	0	0	0	0
7	12	银付	4	偿还欠款		1	2	5	0	0	0	0	0										贷		1	5	5	0	0	0	0	0
7	20	银付	12	偿还货款			7	0	0	0	0	0	0										贷			8	5	0	0	0	0	0
7	26	转	18	购料欠款												4	2	0	0	0	0	0	贷		1	2	7	0	0	0	0	0
7	29	银付	19	偿还欠款			5	0	0	0	0	0	0										贷			7	7	0	0	0	0	0

表 5-50

应付账款明细分类账

明细科目：A 公司

2019年		凭证		摘要	借方									贷方									借或贷	余额								
月	日	字	号		百	十	万	千	百	十	元	角	分	百	十	万	千	百	十	元	角	分		百	十	万	千	百	十	元	角	分
7	1			期初余额																			贷		1	0	0	0	0	0	0	0
7	8	转	5	购料欠款											1	0	0	0	0	0	0	0	贷		2	0	0	0	0	0	0	0
7	12	银付	4	偿还欠款		1	2	5	0	0	0	0	0										贷			7	5	0	0	0	0	0

表 5-51

应付账款明细分类账

明细科目：B 公司

2019年		凭证		摘要	借方									贷方									借或贷	余额								
月	日	字	号		百	十	万	千	百	十	元	角	分	百	十	万	千	百	十	元	角	分		百	十	万	千	百	十	元	角	分
7	1			期初余额																			贷			8	0	0	0	0	0	0
7	20	银付	12	偿还货款			7	0	0	0	0	0	0										贷			1	0	0	0	0	0	0
7	26	转	18	购料欠款												4	2	0	0	0	0	0	贷			5	2	0	0	0	0	0
7	29	银付	19	偿还欠款			5	0	0	0	0	0	0										贷				2	0	0	0	0	0

表 5-52

应付账款总账与其明细分类账户发生额及余额对照表

明细账户名称	期初余额		本期发生额		期末余额	
	借方	贷方	借方	贷方	借方	贷方
合计						

实训 2　结账

实训目标

能够按照期末结账的基本要求和正确的操作方法，办理总账、日记账和明细账月末结账手续。

实训指导

结账，就是在将一定时期内所发生的经济业务全部登记入账的基础上，计算并记录各个账户的本期发生额合计和期末余额，并结转下期或下年度账簿的一种方法。

结账按时间划分主要有月结、季结和年结三种方法。

1．月结

办理月结时，应在各账户最后一笔记录下面划一道通栏单红线表示本月业务结束。在红线下结算出本月发生额及月末余额。如无余额，则应在"借"或"贷"栏内注明"平"字并在"余额"栏内填"0"，同时在"摘要"栏内标明"本月合计"或"本月发生额及余额"字样，然后在下面再划一道通栏单红线，表示完成月结工作。

2．季结

通常在每季度最后一个月月结的下一行，"摘要"栏内注明"本季合计"或"本季度发生额及余额"，同时结出借、贷方发生总额及季末余额。然后在这一行下面划一道通栏单红线，表示季结的结束。

3．年结

在第四季度季结的下一行，"摘要"栏注明"本年合计"或"本年发生额及余额"，同时结出借、贷方发生额及期末余额。然后在这一行下面划上通栏双红线，以示封账。

年度结转后，要将各账户的余额结转到下一会计年度，并在"摘要"栏注明"结转下年"字样；在下一会计年度新建有关会计账簿的第一条"余额"栏内填写上年结转的余额，并在"摘要"栏注明"上年结转"字样。

对结账程序的规定，在实际工作中需要注意以下两点：

（1）需要结计本月发生额的某些账户，如果本月只发生一笔经济业务，则由于这笔记录的金额就是本月发生额，因此在结账时，只要在此行记录下划一条单红线，表示与下月的发生额分开就可以了，不需要另结出"本月合计"。

（2）需要结计本年累计发生额的某些明细账户，在每月结账时，应在"本月合计"行下结出自年初起至本月末止的累计发生额，并登记在月份发生额下面，在"摘要"栏内注明"本年累计"字样，同时在下面再划一条单红线。

实训资料

对中原市兴华有限公司 2019 年 8 月有关总账账户、明细账账户和日记账账户进行月末结账（见表 5-18～表 5-24）。

模块六

会计报表的编制

实训要求

编制会计报表是会计核算体系中的一项重要内容。通过本模块的实训，使学生在理论学习的基础上，熟练掌握会计报表的编制方法。

任务一 资产负债表的编制

实训目标

通过实训练习，使学生可以利用账簿资料熟练编制资产负债表。

实训指导

1．资产负债表的概念

资产负债表是反映企业在某一特定日期（月末、季末、半年末、年末）的财务状况的财务报表，是一张静态报表。资产负债表是根据"资产=负债+所有者权益"的会计等式为理论依据编制的。

2．资产负债表的编制方法

资产负债表中"年初余额"栏内的各项数字，应该根据上年年末资产负债表中"期末余额"栏内所列数字填列。

资产负债表中"期末余额"栏内的各项数字，应该根据相关会计账簿记录的期末余额填列。

（1）直接填列法：直接根据有关总账科目的期末余额填列资产负债表相关项目的期末数。在资产负债表中，大多数项目都可以直接根据总账的期末余额进行填列。

（2）总账余额加计填列法：根据有关总账科目的期末余额进行相加合计之后填列资产负债表有关项目的期末数。

（3）总账余额减计填列法：根据有关总账科目的期末余额减去其备抵账户后的净额填列资产负债表相关项目的期末数。

（4）明细账户余额计算填列法：根据相关的若干明细分类账户期末余额分析计算填列资产负债表相关项目的期末数。

（5）总账账户和明细账账户余额计算填列法：根据总账账户与明细分类账户的关系分析计算后填列资产负债表相关项目的期末数。

（6）综合填列法：综合应用以上5种方法分析计算填列资产负债表中相关项目的期末数。

实训资料

（1）明光市爱华公司2019年9月月末各账户期末余额见表6-1。

表6-1

总账科目	明细账	借 方	贷 方	总账科目	明细账	借 方	贷 方
库存现金		800		短期借款			60 000
银行存款		52 500		应付账款	D公司		25 000
应收账款	A公司	30 000			E公司	8 000	
	B公司		5 700	预收账款	F公司		15 800

续表

总账科目	明细账	借方	贷方	总账科目	明细账	借方	贷方
预付账款	C公司	5 900		应付票据	G公司		5 800
其他应收款	张明	3 300		应付职工薪酬			9 200
原材料		23 000		应交税费			25 600
库存商品		35 000		长期借款			20 000
长期股权投资		10 000		实收资本			105 000
固定资产		140 000		本年利润			64 000
累计折旧			17 400	盈余公积			10 000
无形资产		12 000		利润分配		43 000	

要求：根据上述资料编制明光市爱华公司2019年9月30日的资产负债表（见表6-2）。

表6-2

资产负债表（简表）

会企01表

编制单位：　　　　　　　　　　年　月　日　　　　　　　　　　单位：元

资　产	行数	年初数	期末数	负债及所有者权益	行数	年初数	期末数
流动资产：				流动负债：			
货币资金				短期借款			
应收票据及应收账款				应付票据及应付账款			
预付账款				预收账款			
其他应收款				应付职工薪酬			
存货				应交税费			
流动资产合计				其他应付款			
非流动资产：				流动负债合计			
长期股权投资				非流动负债：			
固定资产				长期借款			
在建工程				非流动负债合计			
无形资产				负债合计			
长期待摊费用				所有者权益：			
非流动资产合计				实收资本			
				资本公积			
				盈余公积			
				未分配利润			
				所有者权益合计			
资产总计				负债及所有者权益总计			

企业负责人：　　　　　　　　会计主管：　　　　　　　　制表人：

（2）明光市大华公司 2019 年 9 月 30 日有关科目余额见表 6-3。

表 6-3

2019 年 9 月 30 日　　　　　　　　　　　　　　　　　　　　　单位：元

总账	明细账	借方余额	总账	明细账	贷方余额
应收票据		60 000	应付票据		35 000
应收账款	A 公司	50 000	应付账款	丙公司	70 000
	B 公司	-6 000		丁公司	-30 000
	C 公司	20 000		戊公司	30 000
预付账款	甲公司	20 000	预收账款	D 公司	60 000
	乙公司	-4 000		E 公司	-30 000
其他应收款	张三	6 000	其他应付款	代扣款	28 000
	李四	7 000			
	王五	-5 000			

要求：根据表 6-3 有关明细分类账户余额资料，计算下列项目金额。
① 资产负债表上的"应收票据及应收账款"项目=_____
② 资产负债表上的"预收账款"项目=_____
③ 资产负债表上的"应付票据及应付账款"项目=_____
④ 资产负债表上的"预付账款"项目=_____
⑤ 资产负债表上的"其他应付款"项目=_____
⑥ 资产负债表上的"其他应收款"项目=_____

任务二　利润表的编制

实训目标

通过实训练习，使学生可以利用账簿资料熟练编制利润表。

实训指导

1. 利润表的概念

利润表是反映企业在某一会计期间（月度、年度）经营成果的报表，又称"损益表"，是一张动态报表。利润表是根据"收入-费用=利润"的会计等式为理论依据编制的。

2. 利润表的编制方法

利润表中"本期金额"栏的填列方法："本期金额"栏反映的是各个项目的实际发生数额，可根据损益类账户的发生额分析填列。

利润表中"上期金额"栏的填列方法：可根据上年该期利润表中"本期金额"栏的数字进行填列。

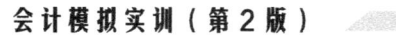

实训资料

（1）中州市爱华公司 2019 年 10 月 31 日结账前损益类账户发生额资料见表 6-4。

表 6-4

会计科目	借方发生额合计	贷方发生额合计
主营业务收入		250 000
主营业务成本	125 000	
其他业务收入		50 000
其他业务成本	30 000	
税金及附加	7 000	
销售费用	2 000	
管理费用	10 000	
财务费用	5 000	
营业外收入		8 000
营业外支出	3 000	
所得税费用	31 500	

要求：根据上述资料，编制中州市爱华公司 2019 年 10 月的利润表（见表 6-5）。

表 6-5

利 润 表

编制单位：　　　　　　　　　　年　　月　　　　　　　　　　　单位：元

项　目	行　次	本月数	本年累计数
一、营业收入	1		
减：营业成本	2		
税金及附加	3		
销售费用	4		
管理费用	5		
研发费用	6		
财务费用	7		
其中：利息费用	8		
利息收入	9		
加：投资净收益（亏损以"-"填列）	10		
二、营业利润（亏损以"-"填列）	11		
加：营业外收入	12		
减：营业外支出	13		

续表

项 目	行 次	本月数	本年累计数
三、利润总额（亏损总额以"-"填列）	14		
减：所得税费用	15		
四、净利润（净亏损以"-"填列）	16		

（2）中州市明华公司2019年1—10月份各损益类账户发生额见表6-6(所得税率为25%)。

表6-6

账户名称	1—9月份发生额	10月份发生额
主营业务收入	15 950 000	1 800 000
其他业务收入	351 000	39 000
投资收益	30 000	2 000
营业外收入	35 000	4 000
主营业务成本	13 550 000	1 510 000
销售费用	340 000	38 000
税金及附加	185 000	20 000
其他业务成本	195 000	25 000
管理费用	201 000	22 000
财务费用	75 000	8 000
营业外支出	38 000	4 000

要求：根据上述资料，编制中州市明华公司2019年10月的利润表（见表6-7）。

表6-7

利 润 表

编制单位：　　　　　　　　　　年　月　　　　　　　　　　单位：元

项 目	行 次	本月数	本年累计数
一、营业收入	1		
减：营业成本	2		
税金及附加	3		
销售费用	4		
管理费用	5		
研发费用	6		
财务费用	7		
其中：利息费用	8		
利息收入	9		
加：投资净收益（亏损以"-"填列）	10		

续表

项　　目	行　次	本月数	本年累计数
二、营业利润（亏损以"-"填列）	11		
加：营业外收入	12		
减：营业外支出	13		
三、利润总额（亏损总额以"-"填列）	14		
减：所得税费用	15		
四、净利润（净亏损以"-"填列）	16		

模块七

综合实训一

实训要求

通过本模块实训,让学生全面、综合、系统地掌握会计专业技能知识。

会计模拟实训（第 2 版）

实训目标

通过模拟生产企业一个月的简单经济业务，练习根据原始凭证填制记账凭证，并登记相关账户，最后装订凭证，从而使学生能够熟练完成基于基础会计的业务实操流程。

实训指导

实训资料给出了一个小型生产企业 2019 年 6 月份所发生的经济业务。要求学生在实习教师的指导下，按照以下步骤完成该企业的会计核算循环。

1. 建账

根据实训资料，建立指定的几个总账、日记账、明细账，并登记期初余额。

2. 填制和审核凭证

（1）根据原始凭证的内容正确解读经济业务；审核原始凭证；然后将原始凭证逐份裁剪下来，作为编制记账凭证的依据。

（2）根据审核无误的原始凭证填制相应的记账凭证，记账凭证分为收、付、转三类，按照五类编号法（现收、现付、银收、银付、转）分别对记账凭证进行编号。将原始凭证附在记账凭证后面，先用大头针（或曲别针）别在一起，待月终时整理装订成册。

3. 登记账簿

（1）正确审核记账凭证。

（2）根据有关的收款凭证、付款凭证，逐笔登记现金日记账和银行存款日记账，并逐笔结出余额。

（3）根据记账凭证及所附的原始凭证，逐笔登记所涉及的各明细分类账、总账，并随时结出余额。

4. 结账和对账

月末，结出每一总账、日记账、明细账的借方发生额合计、贷方发生额合计及期末余额；并进行账账核对、账证核对，达到账账相符、账证相符。若发现错误，需按正确方法予以更正。

5. 整理会计档案

将记账凭证按照编号顺序（或业务顺序）整理装订成册，并粘贴封面，填写有关内容。

实训资料

1. 公司基本情况

企业名称：中原市浩瀚有限责任公司
地址：中原市光明路 90 号
联系电话：65768905

法人代表：刘海
企业类型：有限责任公司（一般纳税人）
经营范围：生产销售空调、冰箱
纳税人登记号：000325701336817
开户银行：中国工商银行中原市光明路支行
开户银行账号：66667889 6218 3620

2．会计核算期初建账资料

浩瀚有限责任公司2019年6月月初建账资料如下。
（1）部分总分类账户的期初余额见表7-1。

表 7-1

单位：元

账户名称	期初余额	
	借方	贷方
库存现金	3 600	
银行存款	867 956	
应收账款	361 800	
原材料	71 000	
库存商品	1 300 000	
应付账款		37 600

（2）有关明细分类账户期初余额见表7-2。

表 7-2

单位：元

一级账户	明细账户	期初借方余额			期初贷方余额
		数量	单价	金额	
原材料	压缩机	300 个	500	15 000	
	冷凝器	280 个	200	56 000	
应付账款	东北朝阳公司				21 200
	迅捷公司				10 400
	海之源公司				6 000

要求：本次模拟实训需要设置和登记的账户有以下几个。
（1）日记账：库存现金日记账、银行存款日记账。
（2）总账：库存商品总账、应收账款总账。
（3）明细账：原材料明细账（数量金额式）、应付账款明细账（三栏式）、管理费用明细账（多栏式）。

3. 本月发生部分经济业务提示

（1）6月1日，从东北朝阳公司购入压缩机，已验收入库，款项未付。
（2）6月1日，以银行存款购买办公用品一批，当日有关部门领用。
（3）6月2日，销售空调100台、冰箱80台，款项未收到。
（4）6月5日，向工商银行借入6个月借款100 000元。
（5）6月9日，支付广告费60 000元。
（6）6月10日，开出现金支票提现备用。
（7）6月12日，发放上月工资50 600元。
（8）6月13日，缴纳上月未交税费。
（9）6月14日，偿还前欠海之源公司货款6 000元。
（10）6月15日，支付冷凝器运费1 200元。
（11）6月17日，采购员预借差旅费2 400元。
（12）6月19日，从迅捷公司购入冷凝器，已验收入库，款项未付。
（13）6月21日，销售空调120件、冰箱80件，款项已收到。
（14）6月22日，用银行存款支付业务招待住宿费2 600元。
（15）6月23日，支付电费904元。
（16）6月25日，计提固定资产折旧。
（17）6月26日，收到宏达公司货款60 000元。
（18）6月29日，支付打印机维修费300元。
（19）6月30日，计提本月工资。
（20）6月30日，根据领料凭证汇总表计算本月发出材料成本。

以上所有原始凭证见附录A。

模块八

综合实训二

实训要求

通过本模块实训,让学生全面、综合、系统地掌握会计专业技能知识。

实训目标

通过模拟工业制造企业一个月的经济业务，要求根据原始凭证填制记账凭证，根据记账凭证及相关原始凭证登记账簿，编制资产负债表和利润表。

（1）通过模拟实训，使学生初步掌握生产企业进行会计核算的工作程序和方法，掌握生产企业日常经济业务的账务处理。具体包括：根据原始凭证正确解读生产企业发生的经济业务；审核原始凭证；正确填制和审核记账凭证；登记现金日记账、银行存款日记账、明细分类账；编制科目汇总表、登记总分类账；对账和结账；编制资产负债表和利润表；整理装订会计凭证。

（2）在实训过程中，把具体实训内容和基本理论知识结合起来，通过边实训、边学习、边思考的过程，加深学生对会计基本理论知识的理解，加深对所学专业的认识，为今后进一步学习会计专业知识，并为将来能够更好地适应实际会计工作奠定坚实的基础。

（3）通过模拟实训，初步培养作为一名合格会计人员应具备的各种工作作风和业务素质。坚持原则、实事求是，严格按照财务制度和财经法规正确处理经济业务；认真仔细、一丝不苟、踏踏实实地做好每一项工作；刻苦钻研、勇于思考，不断提高知识水平和业务能力等。

实训指导

1．实训要求

（1）以模拟生产企业实际发生的经济业务作为实训内容。

（2）实训中使用的原始凭证、记账凭证、账簿和会计报表均采用现行企业使用的标准和格式。

（3）在实训教师的指导下，学生应以端正、认真的态度，高度的责任心，进入实训角色，严格按照实训操作步骤，在规定时间内完成实训任务。

（4）实训完毕，学生应根据实训内容、实训体会撰写实训报告。

2．实训步骤

实训资料给出了一个生产企业 2019 年 12 月份所发生的经济业务。要求学生在实训教师的指导下，按照以下步骤完成该企业的会计核算。

（1）建账。根据实训资料，分别建立总账、日记账、明细账，并登记期初余额。

（2）填制和审核凭证。

① 根据原始凭证的内容正确解读经济业务；并按照合理、合法、合规的要求审核原始凭证；然后将原始凭证逐份裁剪下来，作为编制记账凭证的依据。

② 根据审核无误的原始凭证填制相应的记账凭证，并由财务主管进行审核。记账凭证采用通用记账凭证，采用总字编号法分别对记账凭证进行编号。

（3）登记账簿。

① 根据审核无误的记账凭证，逐笔登记现金日记账和银行存款日记账，并逐笔结出余额。

② 根据记账凭证及所附的原始凭证，逐笔登记所涉及的各明细分类账，并随时结出余额。

③ 根据记账凭证定期编制科目汇总表（每 15 天汇总一次），根据科目汇总表定期登记总分类账。

（4）对账和结账。月末，进行账账核对、账证核对、账实核对，确保账账相符、账证相符、账实相符。若发现错误，需按正确方法予以更正。核对无误后，结出每一总账、日记账、明细账的借方发生额合计、贷方发生额合计及其期末余额。

（5）编制会计报表。根据总账、明细账及有关的经济业务资料编制 2019 年 12 月 31 日的资产负债表和 2019 年 12 月的利润表。

（6）整理会计档案。将记账凭证按照编号顺序整理装订成册（科目汇总表按顺序放在首页），并粘贴封面，填写有关内容。

（7）撰写实训报告。

实训资料

1．公司基本情况

企业名称：中原市威远有限责任公司
地址：中原市阳光路 88 号
联系电话：68994266
法人代表：张浩
企业类型：有限责任公司（一般纳税人）
经营范围：生产销售甲产品、乙产品
纳税人登记号：000425801556826
开户银行：中国工商银行中原市分行阳光路支行
开户银行账号：6632 7785 6358 9720

2．企业会计核算方法

中原市威远有限责任公司下设一个基本生产车间，以 A、B 两种原材料为主要原料，生产甲产品、乙产品。公司会计核算的有关规定如下。

（1）会计核算采用科目汇总表账务处理程序。
（2）记账凭证采用通用记账凭证，凭证编号采用总字编号法。
（3）存货核算。
① 存货成本核算采用实际成本法。
② 发出存货成本采用月末一次加权平均法计算。（提示：平时只登记存货发出、结存的数量，不登记存货发出、结存的单价和成本，月末采用加权平均法计算发出存货成本，成本计算的差异额由当期发出存货承担。）
③ 包装物、低值易耗品的摊销采用一次摊销法。
（4）生产成本核算。
①"生产成本"明细账设三个成本项目：直接材料、直接人工（包括工资和福利费）、制造费用。

② 采用品种法对产品成本进行计算。

③ 本月生产工人工资和制造费用均按生产工时比例法进行分配和结转。

④ 生产过程为单步骤生产，原材料在生产过程中陆续投入，产品完工后由基本生产车间交成品仓库验收入库。

⑤ 采用约当产量法对月末在产品和完工产品成本进行分配，月末在产品完工程度及月末在产品数量由生产管理人员月末统计得出。生产成本分配的差异额，全部由当期的完工产品承担。计算结果保留2位小数。

（5）固定资产折旧，为简化核算，采用综合折旧率，月折旧率为0.4%。

（6）应交税费核算。

① 企业为增值税一般纳税人，增值税税率为13%，所得税税率为25%。

② 城市维护建设税按应纳增值税的7%计算缴纳，教育费附加按应纳增值税的3%计算缴纳。

③ 每月应纳税款于次月15日前缴纳。

（7）利润分配。

① 按全年净利润的10%提取法定盈余公积金，按5%提取任意盈余公积金。

② 按全年净利润的30%向股东分红。

（8）会计模拟实训不分会计岗位，即每一个参加实训的学生均要独立完成会计模拟实训的全部核算过程。

3. 会计核算期初建账资料

中原市威远有限责任公司2019年12月月初建账资料如下。

（1）总分类账户及期初余额（采用三栏式账页）见表8-1。

表8-1
总分类账户及期初余额

单位：元

账户名称	期初余额		账户名称	期初余额	
	借方	贷方		借方	贷方
资产类账户			累计折旧		1 530 000
库存现金	5 800		累计摊销		10 000
银行存款	528 005		负债类账户		
应收票据	14 000		短期借款		50 000
应收账款	26 100		应付账款		29 000
其他应收款	1 000		其他应付款		2 600
原材料	68 860		应交税费		36 025
库存商品	249 700		应付职工薪酬		39 800
周转材料	5 800		应付利息		100
固定资产	3 917 000		所有者权益类账户		

续表

账户名称	期初余额 借方	期初余额 贷方	账户名称	期初余额 借方	期初余额 贷方
无形资产	67 000		实收资本		2 500 000
			资本公积		49 000
			盈余公积		178 000
			本年利润		420 740
			利润分配		38 000
合计	4 883 265		合计		4 883 265

（2）有关明细分类账户期初余额见表 8-2。

表 8-2

部分明细账户期初余额表

单位：元

一级账户	明细账户	期初借方余额 数量	期初借方余额 单价	期初借方余额 金额	期初贷方余额
原材料	A 材料（0101 号）	2 900 千克	15.8	45 820	
	B 材料（0102 号）	2 400 千克	9.6	23 040	
库存商品	甲产品	1 490 件	110	163 900	
	乙产品	1 560 件	55	85 800	
应收账款	绿园商贸大厦			18 400	
	宏远公司			7 700	
应付账款	东北海洋公司				11 200
	顺达公司				12 400
	旭阳公司				5 400
生产成本	甲产品			—	
	乙产品			—	
应交税费	未交增值税				6 800
	应交增值税			—	
实收资本	张浩				1 500 000
	王建				1 000 000

注：应收账款、应付账款、应交税费——未交增值税明细账采用三栏式；原材料、库存商品明细账采用数量金额式；生产成本、应交税费——应交增值税明细账采用多栏式。

4．本月发生经济业务提示

（1）12 月 1 日，供应科采购员张洪出差联系业务，预借差旅费，出纳以现金支付。

（2）12 月 1 日，以现金购买办公用品一批，当日有关部门领用。

（3）12月2日，赊购A材料，款未付，料未到。
（4）12月2日，开出转账支票支付A材料的运费。
（5）12月3日，开出转账支票，预付2020年财产保险费。
（6）12月3日，收到前欠货款。
（7）12月5日，赊销甲产品300件，乙产品200件，开出增值税专用发票。

要求：填制出库单。

（8）12月6日，A材料运到，按其实际采购成本验收入库。
（9）12月6日，委托开户银行偿还前欠货款。
（10）12月7日，缴纳上月份应交增值税、应交所得税、应交城市维护建设税、应交教育费附加。
（11）12月7日，采购员张洪出差回来报销差旅费，多余现金退回。

备注：张洪出差往返路途2天，每天补助伙食费80元；在上海住宿5天，每天补助伙食费100元；往返火车票和住宿费实报实销。

要求：填制差旅费报销单和收据。

（12）12月8日，以现金支付日常修理费。
（13）12月9日，开出转账支票支付广告费。
（14）12月10日，赊购A材料2 100千克，B材料1 600千克，款未付，材料验收入库。
（15）12月11日，开出现金支票提取备用金。
（16）12月12日，销售部门报销业务招待费，以现金支付。
（17）12月14日，销售甲产品350件，乙产品260件，款已收。

要求：填制出库单。

（18）12月16日，生产车间领用低值易耗品。
（19）12月16日，通过希望工程办事处对贫困小学捐款，开出转账支票支付款项。
（20）12月18日，签发转账支票，归还到期的短期借款50 000元及利息280元。

备注：已计提11月21日—30日利息100元，12月1日—18日的利息为180元。

（21）12月19日，购入压缩机一台，款项以转账支票支付，设备直接交付生产车间使用。
（22）12月19日，通过银行代发上月工资。
（23）12月20日，摊销本月应由厂部负担的无形资产使用费。
（24）12月21日，收回光明公司前欠货款。
（25）12月23日，购买一项非专利技术，开出转账支票支付款项。
（26）12月24日，赊销甲产品400件，乙产品300件，款未收。

要求：填制出库单。

（27）12月26日，以现金支付办公室材料装订费。
（28）12月27日，收到被投资方转来的投资收益。
（29）12月28日，计提本月固定资产折旧。
（30）12月31日，开出转账支票支付本月电费。
（31）12月31日，分配本月工资费用38 000元，其中生产产品工人工资22 000元，车间管理人员工资4 000元，厂部管理人员工资9 000元，专设销售机构人员工资3 000元。

要求：填制工资费用分配表。

备注：其中甲产品生产工时为 1 200，乙产品生产工时为 800。

（32）12 月 31 日，计提工会经费和职工教育经费。

要求：填制工会经费及职工教育经费计提表。

备注：工会经费按工资总额的 2%计提，职工教育经费按工资总额的 2.5%计提。

（33）12 月 31 号，分配本月材料费用。

要求：填制领料凭证汇总表。

（34）12 月 31 日，分配并结转本月的制造费用。

要求：填制制造费用分配表。

（35）12 月 31 日，计算本月完工产品成本并结转。

要求：填制产品成本计算单、产成品入库单。

（36）12 月 31 日，结转已销售产品成本。

要求：填制销售成本计算表。

（37）12 月 31 日，计算本月应交增值税。

要求：填制应交增值税计算表。

（38）12 月 31 日，计算本月应交城市维护建设税、教育费附加。

要求：填制税金及附加计提表。

（39）12 月 31 日，结转各损益类账户并计算利润总额。

（40）12 月 31 日，计算本月应交所得税，结转本月所得税费用。

要求：填制企业所得税计提表。

（41）12 月 31 日，结转本年利润账户。

（42）12 月 31 日，提取盈余公积。

要求：填制盈余公积计提表。

（43）12 月 31 日，向股东分配利润。

要求：填制股东红利计算表。

（44）12 月 31 日，结转利润分配账户。

（45）编制资产负债表。

（46）编制利润表。

以上所有原始凭证见附录 B。

附录 A 综合实训—原始凭证

（以下凭证可以裁剪、装订）

表 A-1-1

辽宁省增值税专用发票

2100057236 　　　　　　　　　　　　　　　　　　　　　　　　　NO.00673567

发票联　　　　　　　　　　　　　　　　　　　　　开票日期：2019 年 6 月 1 日

购货单位	名　　称：中原市浩瀚有限责任公司 纳税人识别号：000325701336817 地址、电话：中原市光明路 90 号 0371-65768905 开户行及账号：中国工商银行中原市光明路支行 　　　　　　　6666 7889 6218 3620	密码区	+2/132<7805+75*900>5>34+13>+ 7>780+<23-1>1>728/6/684/-5/> -78*/6>/+<56>78<-*34+14/1078< 7573*+/061-86<*3>44/01610->3>

货物或应税劳务名称	规格型号	单位	数量	单价	金额	税率	税额
压缩机		个	50	500.00	25 000.00	13%	3 250.00
合计					￥25 000.00		￥3 250.00

价税合计（大写）	⊗贰万捌仟贰佰伍拾元整	￥28 250.00

销货单位	名　　称：东北朝阳有限责任公司 纳税人识别号：200356025534659 地址、电话：沈阳市南京路 28 号 0371-63827277 开户行及账号：中国工商银行沈阳市南京路支行 　　　　　　　0560 0078 2415 7663	备注	东北朝阳有限责任公司 200156025534659 发票专用章

收款人：李欣　　复核：　　　　开票人：张亮　　　　销货单位（公章）：

表 A-1-2

材料入库单

验收仓库：1#仓库　　　　　2019 年 6 月 1 日　　　　　　　　　　　　单位：元

| 供应单位：东北朝阳有限责任公司 | | | 合同号 | 10058 | 发票号 | 38584602 | |

材料编号	材料名称	计量单位	数量		实际成本			
			应收	实收	单价	金额	运费	合计
	压缩机	个	50	50	500.00	25 000.00		25 000.00
合计						￥25 000.00		￥25 000.00

会计：　　　　记账：　　　　保管员：刘航　　　　经办人：张涛

表 A-2-1

河南省增值税专用发票

4100011236

NO.00573560

开票日期：2019 年 6 月 1 日

购货单位	名　　　称：中原市浩瀚有限责任公司 纳税人识别号：000325701336817 地址、电话：中原市光明路 90 号 0371-65768905 开户行及账号：中国工商银行中原市光明路支行 6666 7889 6218 3620	密码区	*900>5>+2/132<7805+7534+13>+ -1>1>7>780+<23728/6/684/-5/> +<56>-78*/6/78<-*34+14/1078< 7573*+061-86<*3>44/01610->3>

货物或应税劳务名称	规格型号	单位	数量	单价	金额	税率	税额
打印纸		包	50	15.00	750.00	13%	97.50
墨盒		个	20	45.00	900.00	13%	117.00
合计					¥1 650.00		¥214.50

价税合计（大写）	⊗壹仟捌佰陆拾肆元伍角整	¥1 864.50

销货单位	名　　　称：中原市新世纪百货公司 纳税人识别号：00098456800642 地址、电话：中原市大庆路 38 号 0371-65632459 开户行及账号：中国工商银行中原市大庆路支行 0560 0078 2415 7663	备注	中原市新世纪百货公司 00098456800642 发票专用章

收款人：李一　　　复核：　　　开票人：张刚　　　销货单位（公章）：

表 A-2-2

办公用品领用表

2019 年 6 月 1 日　　　　　　　　　　单位：元

领用车间	领 发 数 量		金 额
或部门	打印纸（包）	墨盒（个）	
生产车间	10	5	375
办公室	40	15	1 275
合计	50	20	¥1 650

审核：张华　　　　　　　　　　　　制表：李英

表 A-2-3

```
中国工商银行转账支票存根
支票号码 0032620
科    目ㅤㅤㅤㅤㅤㅤ
对方科目ㅤㅤㅤㅤㅤㅤ
出票日期  2019 年 6 月 1 日
收款人：中原市新世纪百货公司
金　　额：¥1 864.50
用　　途：购买办公用品
单位主管　　会计
```

表 A-3-1

河南省增值税专用发票
记账联

NO.00295378

4100032237

开票日期：2019 年 6 月 2 日

购货单位	名称：西宁市朝阳公司 纳税人识别号：000696710251822 地址、电话：西宁市西海路 69 号 0971-79002588 开户行及账号：中国工商银行西宁市西海路支行 6666 3568 0023 6113				密码区	>5>*900+2/132<7805+7534+13>+ 6/684/-5/>-1>1>7>780+<23728/ +<56>-78*/6>78<-*34+14/1078< ->3>7573*+061-86<*3>44/01610		
货物或应税劳务名称	规格型号	单位	数量	单价	金额	税率	税额
空调		台	100	4 424.78	442 477.88	13%	57 522.12
冰箱		台	80	3 539.82	283 185.84	13%	36 814.16
合计					¥725 663.72		¥94 336.28
价税合计（大写）	⊗捌拾贰万元整				¥820 000.00		
销货单位	名称：中原市浩瀚有限责任公司 纳税人识别号：000325701336817 地址、电话：中原市光明路 90 号 0371-65768905 开户行及账号：中国工商银行中原市光明路支行 6666 7889 6218 3620				备注			

第一联 记账联 销货方记账凭证

收款人：李东爵　　复核：　　开票人：刘江　　销货单位（公章）：

表 A-4-1

中国工商银行借款借据（收账通知）

借款企业名称：中原市浩瀚有限责任公司　　2019年6月5日

贷款种类	生产周转借款	贷款账号	6632 7785 6358 9720							
借款金额	人民币（大写）壹拾万元整		百	十	万	千	百	十	元	角	分
			¥	1	0	0	0	0	0	0	0
借款用途		生产周转借款									
约定还款期	6个月		2019年12月5日到期								

上列借款已批准发放，转入你单位存款账户。

（中国工商银行中原市光明路支行　业务办讫章　2019.6.5）

（中国工商银行中原市分行光明路支行　2019年6月5日　转讫）

此致

主管　会计　复核　记账

2019年6月5日

此联经银行签章后代收账通知

表 A-5-1

4100145268

河南省增值税专用发票

发票联

NO.00780195

开票日期：2019年6月9日

购货单位	名　　称：中原市浩瀚有限责任公司 纳税人识别号：000325701336817 地址、电话：中原市光明路90号 0371-65768905 开户行及账号：中国工商银行中原市光明路支行 　　　　　　　6666 7889 6218 3620	密码区	56+33*/1>5>*900+2/132<7805+7 12345/-5/>-1>1>7>780+<23728/ 7756>-78*/6/>78<-*34+14/1078< ->3>7573*+061-86<*3>44/016*/

货物或应税劳务名称	规格型号	单位	数量	单价	金额	税率	税额
广告费					47 169.81	6%	2 830.19
合计					¥47 169.81		¥2 830.19

价税合计（大写）	⊗伍万元整	¥50 000.00

销货单位	名　　称：领航文化有限责任公司 纳税人识别号：632880066698712 地址、电话：中原市大庆路58号 0371-678598880 开户行及账号：中国工商银行中原市大庆路支行 　　　　　　　0560 0078 2415 7607	备注	（领航文化有限责任公司 632880066698712 发票专用章）

收款人：王洪亮　　复核：　　　　　开票人：李东　　　销货单位（公章）：

第一联　记账联　销货方记账凭证

表 A-5-2

```
中国工商银行转账支票存根
支票号码 0032620
科    目 _____
对方科目 _____
出票日期   2019 年 6 月 9 日
收款人：领航文化有限责任公司
金    额：¥50 000.00
用    途：广告费
单位主管      会计
```

表 A-6-1

```
中国工商银行现金支票存根
支票号码 0043651
科    目 _____
对方科目 _____
出票日期   2019 年 6 月 10 日
收款人：中原市浩瀚有限责任公司
金    额：¥1 000.00
用    途：备用金
单位主管      会计
```

表 A-7-1

工资计算单

2019 年 6 月 19 日

序号	姓名	应发工资				合计	代扣款项				实发工资
		基本工资	浮动工资	物价补贴	岗位补贴		住房公积金	养老金	医疗保险	水电费	
1	张小辉	1 600	680	140	100	2 520	46	60	24	38	2 352
2	周海燕	1 600	680	140	100	2 520	46	60	24	44	2 346
3	蔡 远	1 600	680	140	80	2 500	40	56	30	0	2 374
4	洪志明	1 800	700	140	80	2 620	50	70	36	0	2 464
5	袁 浩	1 800	700	140	100	2 640	55	78	40	50	2 417
6	王 英	1 800	700	140	100	2 640	55	78	40	60	2 407
	……										
	……										
	合计	……	……	……	……	¥56 000	……	……	……	……	¥50 600

表 A-7-2

中国工商银行转账支票存根

支票号码 0032626

科　　目　_____

对方科目　_____

出票日期　2019 年 6 月 19 日

| 收款人：批量代发（扣）专户 |
| 金　　额：¥50 600.00 |
| 用　　途：发放工资 |

单位主管　　　会计

表 A-7-3

中国工商银行进账单（收账通知）

2019 年 6 月 19 日　　　　　　　　　　　　　　　　　No.3674258

出票人	全　称	中原市浩瀚有限责任公司	收款人	全　称	批量代发（扣）专户
	账　号	6632 7785 6358 9720		账　号	10005740008
	开户银行	中国工商银行中原市光明路支行		开户银行	中国工商银行中原市光明路支行

金额	人民币（大写）伍万零陆佰元整	十万	万	千	百	十	元	角	分
		¥	5	0	6	0	0	0	0

票据种类	转账支票	出票人开户银行签章
票据张数	正联一张	（中国工商银行中原阳光路支行 财务专用章）
单位主管　　会计　　复核　　记账		

此联是持票人开户银行给收款人的收款通知

表 A-8-1

中华人民共和国
税收缴款书

隶属单位：其他单位
经济性质：有限责任　　　　　填发日期：2019 年 6 月 13 日　　　　NO8935351 国
征收机关：中原市国税局

缴款单位	代　码	20050812	预算科目	款　项	××××							
	全　称	中原市浩瀚有限责任公司										
	开户银行	中国工商银行中原市阳光路支行		级　次	××××							
	账　号	6632 7785 6358 9720		收款国库	中原市金库							

税款所属时期 2019 年 5 月 01—31 日　　　税款限日期 2019 年 6 月 15 日

品目名称	课税数量	计税金额或主营业务收入	税率或单位税额	已缴或扣除额	实　缴　税　额							
					千	百	十	万	千	百	十	元	角	分
增值税			13%				8	6	8	0	0	0	0
合计（小写）							¥	8	6	8	0	0	0	0
合计金额	人民币（大写）⊕仟⊕佰⊕拾捌万陆仟捌佰零拾零元零角零分											

缴款单位（人）盖章	税务机关（盖章）填票人（章）征税专用章	上列款项已经收妥并划转收款人单位账户国库（银行）盖章 2019 年 6 月 13 日　业务专用章	备注
（无银行收讫章无效）		逾期不缴按税法规定加收滞纳金	

第一联：（收据）国库收款盖章后退缴款单位作完税凭证

表 A-8-2

中华人民共和国
税收缴款书

隶属单位：其他单位

经济性质：有限责任　　　　填发日期：2019 年 6 月 13 日　　　NO8935351 地

征收机关：中原市地税局阳光税务所

缴款单位	代 码	20050812	预算科目	款 项	××××
	全 称	中原市浩瀚有限责任公司			
	开户银行	中国工商银行中原市阳光路支行		级 次	××××
	账 号	6632 7785 6358 9720		收款国库	中原市金库

税款所属时期 2019 年 5 月 01—31 日　　　税款限交日期 2019 年 6 月 15 日

项目	计税所得额	税率	所得税额	已预缴税额	实缴税额								
					千	百	十	万	千	百	十	元	角	分
企业所得税	214 180	25%	53 545					5	3	5	4	5	0	0
合计（小写）								¥	5	3	5	4	5	0	0
合计金额	人民币（大写）⊕仟⊕佰⊕拾伍万叁仟伍佰肆拾伍元零角零分													

缴款单位有限责任公司（盖章）经办人经济专用章（盖章）	税务机关（盖章）征税专用章 填票人（章）	上列款项已经收妥并划转收款人单位账户国库（章）业务专用章 6月13日	备注

（无银行收讫章无效）　　　逾期不缴按税法规定加收滞纳金

第一联：（收据）国库收款盖章后退缴款单位作完税凭证

表 A-8-3

中华人民共和国
税收缴款书

隶属单位：其他单位
经济性质：有限责任　　　填发日期：2019 年 6 月 13 日　　　NO8935351 地
征收机关：中原市地税局阳光税务所

缴款单位（人）	代　码	20050812	预算科目	款　项	××××	第一联：（收据）国库收款盖章后退缴款单位作完税凭证
	全　称	中原市浩瀚有限责任公司				
	开户银行	中国工商银行中原市阳光路支行		级　次	××××	
	账　号	6632 7785 6358 9720	收款国库		中原市金库	

税款所属时期 2019 年 5 月 01—31 日　　　税款限交日期 2019 年 6 月 15 日

计征金额			征税率	实缴税额								
项目名称	计 征 金 额			千	百	十	万	千	百	十	元	角	分
城市维护建设税	86 800.00		7%				6	0	7	6	0	0
教育费附加	86 800.00		3%				2	6	0	4	0	0
合计（小写）						¥	8	6	8	0	0	0

合计金额	人民币（大写）⊕仟⊕佰⊕拾⊕万捌仟捌佰捌拾元零角零分
缴款单位（人）(盖章) 经办人 (盖章)	税务机关（盖章） 上列款项已经收妥并划转收款人单位账户国库（银行） 盖章 2019 年 6 月 13 日	备注
（无银行收讫章无效）	逾期不缴按税法规定加收滞纳金	

表 A-9-1

```
中国工商银行转账支票存根
支票号码 0032621
科    目 _____
对方科目 _____
出票日期  2019 年 6 月 14 日
收款人：海之源公司
金  额：¥6 000.00
用  途：货款
单位主管           会计
```

表 A-10-1

4100120721　　　河南省增值税专用发票　　　NO.00785936

发票联　　　开票日期：2019 年 6 月 15 日

购货单位	名　　称：中原市浩瀚有限责任公司 纳税人识别号：000325701336817 地址、电话：中原市光明路 90 号 0371-65768905 开户行及账号：中国工商银行中原市光明路支行 　　　　　　　　6666 7889 6218 3620	密码区	<7805+756+33*/1>5>*900+2/132 23728/12*45/-5/>-1>1>7>780+< 77>56>-78*/6>78<-*34+14/1078 +061-86<->3>7573**3>44/016*/

货物或应税劳务名称	规格型号	单位	数量	单价	金额	税率	税额
运输费					1 100.92	9%	99.08
合计					¥1 100.92		¥99.08
价税合计（大写）	※壹仟贰佰元整				¥1 200.00		

销货单位	名　　称：酷捷运输有限责任公司 纳税人识别号：000980067809268 地址、电话：中原市黄河路 58 号 0371-88387256 开户行及账号：中国工商银行中原市黄河路支行 　　　　　　　　0560 0078 0415 0985	备注	（发票专用章）

收款人：洪欧　　复核：　　开票人：李王毅　　销货单位（公章）：

第三联　发票联　购货方记账凭证

表 A-10-2

中国工商银行转账支票存根

支票号码 0032621

科　　目　_____

对方科目　_____

出票日期　2019 年 6 月 15 日

收款人：酷捷运输公司

金　　额：¥1 200.00

用　　途：运费

单位主管　　　会计

表 A-11-1

借　款　单

2019 年 6 月 17 日

借款单位：供应科王凯			
借款理由：联系业务		现金付讫	
借款数额：贰仟肆佰元整　　　　　¥2 400.00			
本单位负责人意见	同意支付 刘海 2019.6.17	借款人（签章）	王凯　2019.6.17

表 A-12-1

4100152681

河南省增值税专用发票

发票联

NO.00707512

开票日期：2019 年 6 月 19 日

购货单位	名　　　称：中原市浩瀚有限责任公司 纳税人识别号：000325701336817 地址、电话：中原市光明路 90 号 0371-65768905 开户行及账号：中国工商银行中原市光明路支行 　　　　　　　6666 7889 6218 3620	密码区	+2/132<7805+756+33*/1>5>*900 */728/12*45/-5/>-1>1>7>780+< 77>56>-78*/6>78<-*34+14/1078 +776-86<->3>7573**3>44/016*/

货物或应税劳务名称	规格型号	单位	数量	单价	金额	税率	税额
冷凝器		个	40	200	8 000.00	13%	1 040.00
合计					¥8 000.00		¥1 040.00

价税合计（大写）	⊙玖仟零肆拾元整		¥9 040.00

销货单位	名　　　称：中原市迅捷有限责任公司 纳税人识别号：002458016674502 地址、电话：中原市黄河路 36 号 0371-63838366 开户行及账号：中国工商银行中原市黄河路支行 　　　　　　　0560 0078 0415 86213	备注	（中原市迅捷有限责任公司 002458016674502 发票专用章）

收款人：洪欧　　复　核：　　　　开票人：李王毅　　销货单位（公章）：

第三联　发票联　购货方记账凭证

表 A-12-2

材料入库单

验收仓库：1#仓库　　　　2019 年 6 月 19 日　　　　　　　　　　单位：元

供应单位：中原市迅捷有限责任公司				合同号	01174	发票号	9728548	
材料编号	材料名称	计量单位	数量		实际成本			
			应收	实收	单价	金额	运费	合计
	冷凝器	个	40	40	200.00	8 000.00		8 000.00
合计						¥8 000.00		¥8 000.00

会计　　　　　　记账　　　　　　保管员刘民　　　　　　　　　经办人苏成

附录A 综合实训－原始凭证

表 A-13-1

河南省增值税专用发票
记账联

4100032238　　　　　　　　　　　　　　　　　　　　NO.00295379

开票日期：2019 年 6 月 21 日

购货单位	名　称：中原市旭阳公司 纳税人识别号：000356710562328 地址、电话：中原市如意路 56 号 0371-62778223 开户行及账号：中国工商银行中原市如意路支行 　　　　　　　0023 8004 6468 5632	密码区	*5/662<1805+328+33*/1>5>*910 +/118/12*45/-5/>-1>237>780+< <-*34+77>56>-78*/6>7814/1078 +/076-86<-7573**3>44/016*/>3>

货物或应税劳务名称	规格型号	单位	数量	单价	金额	税率	税额
空调		台	120	4 424.78	530 973.45	13%	69 026.55
冰箱		台	80	3 539.82	283 185.84	13%	36 814.16
合计					¥814 159.29		¥105 840.71

价税合计（大写）	⊗玖拾贰万元整	¥920 000.00

销货单位	名　称：中原市浩瀚有限责任公司 纳税人识别号：000325701336817 地址、电话：中原市光明路 90 号 0371-65768905 开户行及账号：中国工商银行中原市光明路支行 　　　　　　　6666 7889 6218 3620	备注	

收款人：李东爵　　复核：　　　　开票人：刘江　　销货单位（公章）：

表 A-13-2

中国工商银行进账单（收账通知）

2019 年 6 月 21 日　　　　　　　　　　　　　　　　No.3674259

出票人	全称	中原市旭阳公司	收款人	全称	中原市浩瀚有限责任公司
	账号	0023800464685632		账号	6632 7785 6358 9720
	开户银行	中国工商银行中原市如意路支行		开户银行	中国工商银行中原市光明路支行

金额	人民币（大写）玖拾贰万元整	千	百	十	万	千	百	十	元	角	分
				¥	9	2	0	0	0	0	0

票据种类	转账支票
票据张数	正联一张
单位主管　　会计　　复核　　记账	

收款人开户银行签章：中国工商银行中原市分行光明路支行　2019 年 6 月 21 日

附录 A 综合实训－原始凭证

表 A-14-1

河南省增值税专用发票

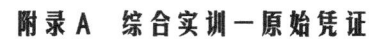

4100125234　　　　　　　　　　　　　　　　　　　　　　　　　　NO.00703690

发票联　　　　　　　　　　　　　　开票日期：2019 年 6 月 22 日

购货单位	名　　　称：中原市浩瀚有限责任公司 纳税人识别号：000325701336817 地址、　电话：中原市光明路 90 号 0371-65768905 开户行及账号：中国工商银行中原市光明路支行 　　　　　　　6666 7889 6218 3620	密码区	*/1>5>*922*5/662<1805+328+33 7>780+<+/118/12*45/-5/>-1>23 -78*/6>78<-*34+77>56>14/1078 *3>+/076-86<-7573*44/016*/>3>

货物或应税劳务名称	规格型号	单位	数量	单价	金额	税率	税额
住宿费					2 452.83	6%	147.17
合计					￥2 452.83		￥147.17

价税合计（大写）	⊗貳仟陆佰元整	￥2 600.00

销货单位	名　　　称：中原市锦江之星酒店 纳税人识别号：000688062814622 地址、　电话：中原市星河路 96 号 0371-658083456 开户行及账号：中国工商银行中原市星河路支行 　　　　　　　0560 0078 0415 89045	备注	（中原市锦江之星酒店 00068062814622 发票专用章）

收款人：李星　　复　核：　　　　　开票人：刘畅　　　销货单位：

第三联　发票联　购货方记账凭证

表 A-14-2

中国工商银行转账支票存根

支票号码 0032620

科　目 _____

对方科目 _____

出票日期　2019 年 6 月 22 日

收款人：中原市锦江之星酒店
金　额：￥2 600.00
用　途：住宿费

单位主管　　　会计

表 A-15-1

中国工商银行转账支票存根

支票号码 0032628

科　　目　_____

对方科目　_____

出票日期　2019年6月23日

收款人：中原市供电局

金　　额：¥904.00

用　　途：支付电费

单位主管　　　会计

表 A-15-2

4100144156　　河南省增值税专用发票　　No.00381783

发票联　　开票日期：2019年6月23日

购货单位	名　　称：中原市浩瀚有限责任公司					密码区	50849/+2+2*1*7*<9+8+> *45*317/8-8399>226282 573904*<70-4059/9/+0/ 82>>+5 8+5>*/<>>2-7*2<	加密原本号：01 2205624100 03132899
	纳税人识别号：000325701336817							
	地址、电话：中原市光明路90号 0371-65768905							
	开户行及账号：中国工商银行中原市光明路支行 6666 7889 6218 3620							
货物或应税劳务名称	规格型号	单位	数量	单价	金　额	税率	税　额
工业用电		度	800	1.00	800.00	13%	104.00
合　计					¥800.00		¥104.00
价税合计（大写）	⊗玖佰零肆元整				¥904.00		
销货单位	名　　称：中原市供电公司					备注	
	纳税人识别号：240120003180545						
	地址、电话：中原市文化路11号 0371-63425533						
	开户行及账号：中国建设银行中原市文化路支行 6634 4382 3556 3211						

收款人：××　　复核：　　开票人：××　　销货单位：（章）

第三联　发票联　购货方记账凭证

表 A-15-3

电费使用分配表

2019 年 6 月 23 日

部 门	电表读数（度）	单价	金额
生产车间——甲产品	420	1	420
——乙产品	180	1	180
生产车间一般耗用	120	1	120
行政管理部门	80	1	80
合 计	800		¥800

财务主管：王海　　　　　审核：王兰　　　　　制单：张宁

表 A-16-1

固定资产折旧计算表

2019 年 6 月 25 日

部 门	应计提折旧的固定资产原价	月折旧率	本月折旧额
生产车间	2 175 000	0.4%	8 700
厂部	1 742 000	0.4%	6 968
合 计	3 917 000		¥15 668

财务主管：欧阳海　　　　　审核：周莉　　　　　制单：陈永

表 A-17-1

中国工商银行进账单（收账通知）

2019 年 6 月 26 日　　　　　　　　　　　　No.3674260

出票人	全称	中原市宏达公司	收款人	全称	中原市浩瀚有限责任公司
	账号	2222002380046460		账号	6632 7785 6358 9720
	开户银行	中国工商银行中原市金海大道支行		开户银行	中国工商银行中原市光明路支行

金额	人民币（大写）陆万元整	千	百	十	万	千	百	十	元	角	分
					¥6	0	0	0	0	0	0

票据种类	转账支票
票据张数	正联一张

单位主管　　　会计　　　复核　　　记账

（盖章：中国工商银行中原市分行光明路支行　2019年6月26日　转讫）

此联是收款人开户银行交给收款人的收款通知

表 A-18-1

4100151342 河南省增值税专用发票 NO.00706326

发票联 开票日期：2019 年 6 月 29 日

购货单位	名　　　称：中原市浩瀚有限责任公司 纳税人识别号：000325701336817 地址、电话：中原市光明路 90 号 0371-65768905 开户行及账号：中国工商银行中原市光明路支行 　　　　　　　6666 7889 6218 3620	密码区	325>5>*922*5/662<328+33*180+ *7>45/-5/>-780+<+/118/12*1>2 +22*/6/>90<-*11+56>82>14/1055 *8>+005*86<-7633*40/076*/>3/

货物或应税劳务名称	规格型号	单位	数量	单价	金额	税率	税额
打印机维修费					265.49	13%	34.51
合计					¥265.49		¥34.51

价税合计（大写）	⊗叁佰元整		¥300.00

销货单位	名　　　称：中原市优服维修公司 纳税人识别号：000980062347255 地址、电话：中原市航海路 56 号 0371-658349990 开户行及账号：中国工商银行中原市航海路支行 　　　　　　　0560 0078 0415 87492	备注	（中原市优服维修公司 000980062347255 发票专用章）

收款人：邢海　　复核：　　　　开票人：刘沙　　销货单位：

第三联 发票联 购货方记账凭证

表 A-18-2

```
中国工商银行转账支票存根
支票号码 0032620
科　目 _____
对方科目 _____
出票日期　2019 年 6 月 29 日
┌─────────────────────┐
│ 收款人：中原市优服维修公司 │
├─────────────────────┤
│ 金　额：¥300.00          │
├─────────────────────┤
│ 用　途：打印机维修费     │
└─────────────────────┘
单位主管　　会计
```

表 A-19-1

工资费用分配表

2019 年 6 月 30 日

分配部门		生产工时	分配率	分配金额	应计金额
基本生产车间	空调	3 000	6	30 000	18 000
	冰箱	2 000	6	30 000	12 000
	小 计	5 000			30 000
车间管理人员					6 000
行政管理人员					9 000
专设销售机构					18 000
合 计					¥63 000

财务主管：李敏　　　　　审核：李敏　　　　　制单：张岚

表 A-20-1

领料凭证汇总表

2019 年 6 月 30 日

项 目	压缩机			冷凝器			合计
	数量	单价	金额	数量	单价	金额	
生产产品耗用	370	300.00	111 000.00	370	200.00	74 000.00	185 000.00
其中：空调	210	300.00	63 000.00	210	200.00	42 000.00	105 000.00
冰箱	160	300.00	48 000.00	160	200.00	32 000.00	80 000.00
生产车间一般耗用	1	300.00	300.00				300.00
行政管理部门耗用				1	200.00	200.00	200.00
合计	371		¥111 300.00	371		¥74 200.00	¥185 500.00

附录B 综合实训二原始凭证

（以下凭证可以裁剪、装订）

表 B-1-1

借 款 单

2019 年 12 月 01 日

借款单位：供应科张洪					
借款理由：联系业务				现金付讫	
借款数额：叁仟元整		￥3 000.00			
单位负责人意见	同意支付 张浩 2019.12.1	部门负责人意见	同意支付 王强 2019.12.1	借款人（签章）	张洪 2019.12.1

表 B-2-1

河南省增值税专用发票

4100114152　　　　　　发票联　　　　　　No.00671654

开票日期：2019 年 12 月 01 日

购货单位	名　称	中原市威远有限责任公司	密码区	0340-*34+13>+75<07075+2/132+ *-87><23-1>-5//684/7>1>728/> +<56-*34+14>78<078<-95<>6>1/ 3>57344/>70161+<061-86<*3->0		
	纳税人识别号：	000425801556826				
	地址、电话：	中原市阳光路88号 0371-68994266				
	开户行及账号：	中国工商银行中原市阳光路支行 6632 7785 6358 9720				

货物或应税劳务名称	规格型号	单位	数量	单价	金额	税率	税额
计算器		个	8	75.00	600.00	13%	78.00
工作手册		本	60	2.00	120.00	13%	15.60
稿纸		本	80	1.00	80.00	13%	10.40
合计					￥800.00		￥104.00
价税合计（大写）			⊗玖佰零肆元整		（小写）￥904.00		

销货单位	名　称	中原市新世纪百货公司	备注	
	纳税人识别号：	410125841576873		
	地址、电话：	中原市长江路15号 0371-63821066		
	开户行及账号：	中国工商银行中原市长江路支行 6666 7756 6528 4150		

收款人：王红　　　复核：　　　开票人：李春　　　销货单位（公章）

表 B-2-2

办公用品领用表

2019 年 12 月 01 日

领用车间或部门	领 发 数 量			金额（元）
	计算器（个）	工作手册（本）	稿纸（本）	
生产车间	4	26	30	382
办公室	4	34	50	418
合计	8	60	80	800

保管员：张华　　　　　　　　　　　　　　　　制表：李英

表 B-3-1

2100087180　　　　　　辽宁省增值税专用发票　　　　　　NO.00346911

发 票 联　　　开票日期：2019 年 12 月 02 日

购货单位	名　　称	中原市威远有限责任公司			密码区	7805<>34+13>+75<07075+2/132+ 6780+<23-1>-5//684/7>1>728/> >78<078<+<56-*34+14-78*/6>1/ 3>57344/>70161+<061-86<*3->0		
	纳税人识别号	000425801556826						
	地址、电话	中原市阳光路 88 号　0371-68994266						
	开户行及账号	中国工商银行中原市阳光路支行 6632 7785 6358 9720						
货物或应税劳务名称	规格型号	单位	数量	单价	金额	税率	税额
A 材料		千克	1 000	15.30	15 300.00	13%	1 989.00
合计					¥15 300.00		¥1 989.00
价税合计（大写）		※壹万柒仟贰佰捌拾玖元整			（小写）¥17 289.00		
销货单位	名　　称	东北海洋有限责任公司			备注	东北海洋有限责任公司 000980066612355 发票专用章		
	纳税人识别号	000980066612355						
	地址、电话	沈阳市大庆路 28 号　024-74563858						
	开户行及账号	中国工商银行沈阳市大庆支行 0560 0078 2415 7663						

收款人：　　　　复核：　　　　开票人：　　　　销货单位（公章）：

表 B-4-1

付款申请书

2019 年 12 月 02 日

用途及情况	金额										收款单位：沈阳铁路局	
材料运费	千	百	十	万	千	百	十	元	角	分	账号：6230 9931 5589 1110	
					¥	8	7	2	0	0	开户行：中行新华路支行	
金额大写	◎捌佰柒拾贰元整										电汇： 转账：√ 汇票： 其他：	
总经理	张 浩				财务经理			李 挺			部门主管	王 强
					会计			叶 贞			经办人	张晓璐

表 B-4-2

中国工商银行转账支票存根

支票号码 0032620

科　　目 _____

对方科目 _____

出票日期　2019 年 12 月 02 日

收款人：沈阳铁路局

金　额：¥872.00

用　途：材料运费

单位主管　　　会计

表 B-4-3

货物运输业增值税专用发票

2100113620　　　　　　　　　　　　　　　　　　　　　　　　　No.10690340

发　票　联　　　　　　　　开票日期：2019 年 12 月 02 日

承运人及纳税人识别号	沈阳铁路局 240105452180003	密码区	+2+2*1*7*<9+8+>50849/ /表B-8399>226282*45*317 -4059/9/+0/573904*<70 8+5>*/<>>2-7*2<82>>+5	加密原本号：01 2200024140 03132868
实际受票方及纳税人识别号	中原市威远有限责任公司 000425801556826			
收货人及纳税人识别号	中原市威远有限责任公司 000425801556826	发货人及纳税人识别号	东北海洋有限责任公司 0009800666123	
起运地、经由、到达地		沈阳市—中原市		
费用项目及金额	费用项目　　金额 运费　　　　800.00	费用项目　金额	运输货物信息	A 材料
合计金额	¥800.00	税率　9%	税额　¥72.00	机器编号　231891324239
价税合计（大写）	⊗捌佰柒拾贰元整		（小写）¥872.00	
车种车号		车船吨位	备注	
主管税务机关及代码	沈阳市新城分局 2232690			

收款人：海光　　复核：　　开票人：李娜　　销货单位：（章）

第三联　发票联　购货方记账凭证

表 B-5-1

付款申请书

2019 年 12 月 03 日

用途及情况	金额									收款单位：平安保险中州分公司
	千	百	十	万	千	百	十	元	角	分
2020 年财产保险费				¥	3	0	0	0	0	0	账号：6222 3331 5583 2210
											开户行：中行建设路支行
金额大写	⊗叁仟元整										电汇：　转账：√　汇票：　其他：
总经理	张浩	财务经理		李挺		部门主管		李政		
		会计		叶贞		经办人		王文		

表 B-5-2

中国工商银行转账支票存根

支票号码 0032621

科　　目 _____

对方科目 _____

出票日期　2019 年 12 月 3 日

收款人：平安保险中州分公司

金　　额：¥3 000.00

用　　途：财产保险费

单位主管　　　会计

表 B-5-3

河南省地方税务局通用机打发票

机打代码 110112002　　　　　　　　　　　　　　　发票代码 12356911

机打号码 0020431　　　　　　　　　　　　　　　　发票号码 034255

开票日期：2019 年 12 月 3 日　　　　行业分类：金融保险

付款单位名称：中原市威远有限责任公司　　　　付款单位识别号：000425801556826

项目	规格	单位	单价	数量	金额
财产保险费（2020 年度）			3 000.00	1.00	3 000.00

合计人民币（大写）：叁仟元整　　　　　　　　　　　合计：¥3 000.00

收款单位名称（盖章）：平安保险中州分公司　　收款单位开户银行及账号：中行新华路支行

收款单位识别号：240122082387011　　开票人：王聪　　备注：

第三联：发票联　购货方记账凭证

附录 B　综合实训二原始凭证

表 B-6-1

中国工商银行 进 账 单（收账通知）

2019 年 12 月 3 日　　　　　　　　　　豫 No. 00129588

出票人	全　称	中原市绿园商贸大厦	收款人	全　称	中原市威远有限责任公司
	账　号	2341 1002 0008 6756		账　号	6632 7785 6358 9720
	开户银行	中国工商银行中原市高新支行		开户银行	中国工商银行中原市分行阳光路支行

人民币（大写）壹万捌仟肆佰元整			千	百	十	万	千	百	十	元	角	分
					¥	1	8	4	0	0	0	0

票据种类	转账支票
票据张数	正联一张

复核：　　　记账：

收款人开户银行签章
（中国工商银行中原市分行阳光路支行　2019 年 12 月 3 日　转讫）

表 B-7-1

河南省增值税专用发票

4100113140　　　　　记　账　联　　　　　No. 00601037

开票日期：2019 年 12 月 5 日

购货单位	名　　称	东明市宏远公司	密码区	+75<07075+2/132<7805>34+13>+ /684/7>1>728/6780+<23-1>-5/> 078<+<56>78<-*34+14-78*/6>1/ +<061-86<*3>701610->3>57344/
	纳税人识别号	000329087665132		
	地址、电话	东明市金海大道 168 号 039-68675421		
	开户行及账号	中国工商银行东明市金海大道支行 0023 8004 6465 9783		

货物或应税劳务名称	规格型号	单位	数量	单价	金额	税率	税额
甲产品		件	300	140.00	42 000.00	13%	5 460.00
乙产品		件	200	80.00	16 000.00	13%	2 080.00
合计					¥58 000.00		¥7 540.00

价税合计（大写）	⊗陆万伍仟伍佰肆拾元整	（小写）¥65 540.00

销货单位	名　　称	中原市威远有限责任公司	备注	（中原市威远有限责任公司 000425801556826 发票专用章）
	纳税人识别号	000425801556826		
	地址、电话	中原市阳光路 88 号 0371-68994266		
	开户行及账号	中国工商银行中原市阳光路支行 6632 7785 6358 9720		

收款人：　　　复　核：　　　开票人：××　　　销货单位（公章）：

表 B-7-2

产品出库单

NO：20191216

收货单位（地址）：				出库日期：	年　月　日
产品编号	产品名称	规格型号	单位	数量	备注

仓库主管：　　　　　　发货人：　　　　　送货人：　　　　　收货人：

表 B-8-1

材料入库单

验收仓库：03#仓库　　　　　　2019 年 12 月 6 日　　　　　　　　　　单位：元

供应单位：东北海洋有限责任公司			合同号	007018	发票号		9728548
材料编号	材料名称	计量单位	数量		实际成本		
			应收	实收	单价	金额	运费	合计
	A 材料	千克	1 000	1 000	15.30	15 300	800	16 100
合计						¥15 300		¥16 100

会计　　　　　　　记账：海洋　　　　　　保管员：刘佳　　　　　经办人：张胜

表 B-9-1

中国工商银行电汇凭证（回单）

委托日期　　　　　　　　2019 年 12 月 6 日　　　　　　　　第 98 号

汇款人	全　称	中原市威远有限责任公司					收款人	全　称	西宁市顺达公司											
	开户银行	中国工商银行中原市阳光路支行						开户银行	中国工商银行西宁市西江路支行											
	账号	6632 7785 6358 9720						账号	3568 0023 6113 7755											
	汇出地点	河南	省	中原	市县	汇出行名称	工行阳光路支行		汇入地点	青海	省	西宁	市县	汇入行名称	工行西江路支行						
金额	人民币（大写）玖仟元整									千	百	十	万	千	百	十	元	角	分
														¥	9	0	0	0	0	0

汇款用途：购材料款

　　　　　　　　　　复核　　　　记账

中国工商银行中原分行阳光路支行
2019 年 12 月 6 日
汇出行盖章
2019 年 12 月 6 日

此联是汇出银行给汇款单位的回单

表 B-10-1

中华人民共和国
税收缴款书

隶属单位：其他单位

经济性质：有限责任　　　填发日期：2019 年 12 月 07 日　　　NO8935351 国

征收机关：中原市国税局

缴款单位	代　码	20050812	预算科目	款　项	××××
	全　称	中原市威远有限责任公司			
	开户银行	中国工商银行中原市阳光路支行		级　次	××××
	账　号	6632 7785 6358 9720	收款国库		中原市金库

税款所属时期 2019 年 11 月 01—30 日　　　税款限日期 2019 年 12 月 15 日

品目名称	课税数量	计税金额或主营业务收入	税率或单位税额	已缴或扣除额	实　缴　税　额								
					千	百	十	万	千	百	十	元	角	分
增值税			13%					6	8	0	0	0	0	0
合计（小写）								¥ 6	8	0	0	0	0	0
合计金额	人民币（大写）⊕仟⊕佰⊕拾⊕万陆仟捌佰零拾零元零角零分													

缴款单位（人）（盖章）经办人（盖章）	税务机关（盖章）填票人（章）征税专用章	上列款项已经收妥并划转收款人单位账户国库（银行）盖章 2019 年 12 月 07 日	备注
（无银行收讫章无效）		逾期不缴按税法规定加收滞纳金	

第一联：（收据）国库收款盖章后退缴款单位作完税凭证

表 B-10-2

中华人民共和国
税收缴款书

隶属单位：其他单位
经济性质：有限责任　　　　填发日期：2019 年 12 月 07 日　　　NO8935351 国
征收机关：中原市地税局阳光税务所

缴款单位	代 码	20050812		预算科目	款 项	××××
	全 称	中原市威远有限责任公司				
	开户银行	中国工商银行中原市阳光路支行			级 次	××××
	账 号	6632 7785 6358 9720			收款国库	中原市金库

税款所属时期2019年11月01—30日　　　　税款限交日期2019年12月15日

项目	计税所得额	税率	所得税额	已预缴税额	实缴税额								
					千	百	十	万	千	百	十	元	角	分
企业所得税	114 180	25%	28 545					2	8	5	4	5	0	0
合计（小写）								¥	2	8	5	4	5	0	0
合计金额	人民币（大写）⊕仟⊕佰⊕拾贰万捌仟伍佰肆拾伍元零角零分													

缴款单位（人）（盖章） 经办人（盖章） （无银行收讫章无效）	税务机关（盖章） 填票人 征税专用章	上列款项已经收妥并划转收款人单位开户国库（银行） 盖章 2019年12 2019.12.07 逾期不缴按税法规定加收滞纳金	备注

第一联：（收据）国库收款盖章后退缴款单位作完税凭证

附录 B　综合实训二原始凭证

表 B-10-3

中华人民共和国
税收缴款书

隶属单位：其他单位
经济性质：有限责任　　　填发日期：2019 年 12 月 07 日　　NO8935351 地
征收机关：中原市地税局阳光税务所

缴款单位（人）	代　码	20050812		预算科目	款　项	××××
	全　称	中原市威远有限责任公司				
	开户银行	中国工商银行中原市阳光路支行			级　次	××××
	账　号	6632 7785 6358 9720		收款国库		中原市金库

税款所属时期 2019 年 11 月 01—30 日　　　税款限交日期 2019 年 12 月 07 日

	计 征 金 额	征税率	实 缴 税 额									
项目名称	计 征 金 额		千	百	十	万	千	百	十	元	角	分
城市维护建设税	6 800.00	7%						4	7	6	0	0
教育费附加	6 800.00	3%						2	0	4	0	0
营业税												
合计（小写）							¥	6	8	0	0	0
合计金额	人民币（大写）⊕仟⊕佰⊕拾⊕万⊕仟陆佰捌拾零元零角零分											

缴款单位（人）(盖章)　　税务机关（盖章）　　上列款项已经收妥并划转收款人单位　　备注
经办人（盖章）　　　　　填票人（章）　　　　账户或国库（银行）
（无银行收讫章无效）　　征税专用章　　　　　盖章 2019 年 12 月 07 日

逾期不缴按税法规定加收滞纳金

第一联：（收据）国库收款盖章后退缴款单位作完税凭证

附录 B 综合实训二原始凭证

表 B-11-1

差旅费报销单

姓名：　　职务：　　　　　　年　　月　　日　　　　　　　　　单位：元

起讫时间地点					车船费		在途补助		住勤补助		住宿费		会议费		其他	
月	日	起点	月	日	终点	张数	金额	天数	金额	天数	金额	张数	金额	张数	金额	张数	金额
		小计														

合计人民币（大写）	¥
出差事由	预借　　核销　　应退（补）

单位负责人　　　　会计主管　　　　　　审核　　　　　　报销人

表 B-11-2

```
98399T155
    中 原 站   K365   上 海 站
    ZhongYuan    →    ShangHai
    2019年 12月 01日  09:23开   06车 11号
    ¥ 240.0元        网        新空调快速硬座
    限乘当日当次车

    4101051976****2334  张洪
      买票请到12306  发货请到95306
         中国铁路祝您旅途愉快

    99519763985999399T155    中原售
```

表 B-11-3

```
98399T824
    上 海 站   K364   中 原 站
    ShangHai    →    ZhongYuan
    2019年 12月 07日  10:45开   05车 09号
    ¥ 240.0元        网        新空调快速硬座
    限乘当日当次车

    4101051976****2334  张洪
      买票请到12306  发货请到95306
         中国铁路祝您旅途愉快

    99519763985999399T824    上海售
```

表 B-11-4

上海市增值税普通发票

3100062170　　No.00816546

开票日期：2019 年 12 月 7 日

购货单位	名　　称：中原市威远有限责任公司 纳税人识别号：000425801556826 地址、电话：中原市阳光路 88 号 0371-68994266 开户行及账号：中国工商银行中原市阳光路支行 　　　　　　　6632 7785 6358 9720	密码区	+75*900>5+2/132<7805>34+13>+ 1>728/6/684/7>780+<23-1>-5/> -78*/6>1078<+<56>78<-*34+14/ *+061-86<*3>757344/01610->3>

货物或应税劳务名称	规格型号	单位	数量	单价	金额	税率	税额
住宿费				1 471.70	1 471.70	6%	88.30
合计					¥1 471.70		¥88.30

价税合计（大写）　⊗壹仟伍佰陆拾元整　　　（小写）¥1 560.00

销货单位	名　　称：上海市林苑大酒店 纳税人识别号：0560423801510023 地址、电话：上海市青年路 65 号 021-38764809 开户行及账号：中国工商银行上海市青年路支行 　　　　　　　3859 6666 7908 1258	备注	

收款人：王海　　复　核：　　　　开票人：柳江　　　销货单位（公章）：

表 B-11-5

收 据

年　　　月　　　日

今收到＿＿＿＿＿＿＿＿＿＿＿＿＿＿＿＿＿＿＿＿＿＿＿＿＿＿＿＿＿＿＿＿＿＿

人民币（大写）＿＿＿＿＿＿＿＿＿＿＿＿＿＿＿＿＿＿＿＿¥

系　　收＿＿＿＿＿＿＿＿＿＿＿＿＿＿＿＿＿＿＿＿＿＿＿＿＿＿＿＿＿＿＿＿＿

收款单位（盖章）　　　　　出纳　　　　　　　经手人

表 B-12-1

中原市服务业统一专用发票

NO. 0032147

单位（姓名）：中原市威远有限责任公司　　2019 年 12 月 08 日

服务项目	单位	数量	单价	金额								
				百	十	万	千	百	十	元	角	分
修理费								1	5	0	0	0
合　计				￥				1	5	0	0	0
大写金额	人民币⊕拾⊕万⊕仟壹佰伍拾零元零角零分												

开票人：杨平　　　　　　收款人：周迥

表 B-13-1

付款申请书

2019 年 12 月 09 日

用途及情况	金额										收款单位：中原市明远广告公司
广告费	千	百	十	万	千	百	十	元	角	分	账号：6111 3331 5611 2212
				￥	5	3	0	0	0	0	开户行：中行建设路支行
金额大写	⊗伍仟叁佰元整										电汇：　转账：√　汇票：　其他：
总经理	张 浩			财务经理			李 挺			部门主管	李 政
				会计			叶 贞			经办人	王 文

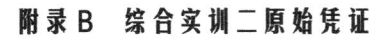

附录 B 综合实训二原始凭证

表 B-13-2

河南省增值税专用发票
No.01636360

4100113140 发 票 联   开票日期：2019 年 12 月 09 日

购货单位	名　　称：中原市威远有限责任公司 纳税人识别号：000425801556826 地址、电话：中原市阳光路 88 号 0371-68994266 开户行及账号：中国工商银行中原市阳光路支行 6632 7785 6358 9720	密码区	+2+2*1*7*<9+8+>50849/ /表 B-8399>226282*45*317　加密原本号：01 -4059/9/+0/573904*<70　2200024140 8+5>*/<>>2-7*2<82>>+5　03143210

货物或应税劳务名称	规格型号	单位	数量	单价	金额	税率	税额
广告电视费		期	1	5 000.00	5 000.00	6%	300.00
合　　计					¥5 000.00		¥300.00

价税合计（大写）　⊗伍仟叁佰元整　　　（小写）¥5 300.00

销货单位	名　　称：中原市明远广告有限公司 纳税人识别号：240105452156264 地址、电话：中原市前进路 72 号 0371-63328858 开户行及账号：工行前进路支行 6326857733183697	备注	240105452156264

收款人：张翰　　复核：　　开票人：赵华　　销货单位：（章）

第三联　发票联　购货方记账凭证

表 B-13-3

中国工商银行转账支票存根

支票号码 0032622

科　　目 _____

对方科目 _____

出票日期　2019 年 12 月 09 日

收款人：中原市明远广告公司
金　额：¥5 300.00
用　途：广告费

单位主管　　会计

表 B-14-1

青海增值税专用发票

6300154320

NO.00908016

发票联

开票日期：2019 年 12 月 10 日

购货单位	名　　　　称：中原市威远有限责任公司 纳税人识别号：000425801556826 地址、电话：中原市阳光路 88 号　0371-68994266 开户行及账号：中国工商银行中原市阳光路支行 　　　　　　　6632 7785 6358 9720	密码区	4325/78+2+2*1*7*<9+8+>50849/ <67*80+/表 B-8399>226282*45*317 78><77+>4059/*++0/573904*<70 >+78*558+5>*/<>>2-7*2<82>>+5

货物或应税劳务名称	规格型号	单位	数量	单价	金额	税率	税额
A 材料		千克	2 100	15.40	32 340.00	13%	4 204.20
B 材料		千克	1 600	9.00	14 400.00	13%	1 872.00
合计					¥46 740.00		¥6 076.20

价税合计（大写）	⊗伍万贰仟捌佰壹拾陆元贰角整	（小写）¥52 816.20

销货单位	名　　　　称：西宁市顺达公司 纳税人识别号：000356710331866 地址、电话：西宁市西江路 66 号　0971-78802568 开户行及账号：中国工商银行西宁市西江路支行 　　　　　　　3568 0023 6113 7755	备注	

第三联　发票联　购货方记账凭证

收款人：　　　复核：　　　开票人：　　　销货单位（公章）：

表 B-14-2

材料入库单

验收仓库：03#仓库　　　　2019 年 12 月 10 日　　　　单位：元

| 供应单位：西宁市顺达公司 | | 合同号 | 008910 | 发票号 | 6745832 |

材料编号	材料名称	计量单位	数量		实际成本			
			应收	实收	单价	金额	运费	合计
	A 材料	千克	2 100	2 100	15.40	32 340		32 340
	B 材料	千克	1 600	1 600	9.00	14 400		14 400
合计						¥46 740		¥46 740

会计　　　记账：海洋　　　保管员：刘佳　　　经办人：张胜

附录 B 综合实训二原始凭证

表 B-15-1

中国工商银行现金支票存根

支票号码 0043651

科　　目

对方科目

出票日期　2019 年 12 月 11 日

收款人：中原市威远有限责任公司

金　　额：¥5 000.00

用　　途：提现备用

单位主管　　　会计

表 B-16-1

中原市服务业专用发票

郑地税 乙3　　　NO. 0032147

单位（姓名）：中原市威远有限责任公司　　2019 年 12 月 12 日

服务项目	单位	数量	单价	金额								
				百	十	万	千	百	十	元	角	分
招待费								4	0	0	0	0
							¥	4	0	0	0	0

大写金额　人民币 ⊕拾⊕万⊕仟肆佰⊕拾零元零角零分

收款单位（盖章）　　开票人：江宜静　　　收款人：李昂

第二联　发票联

附录 B 综合实训二原始凭证

表 B-16-2

费用报销单

填报日期：2019 年 12 月 12 日　　　　单据及附件共 1 张

姓名	张超	所属部门	销售部
用途	金额	报销形式	现金（现金付讫）
业务招待费	400.00	支票号码	
		领导审批	同意，请财务安排付款。 张浩 2019.12.12
合计	¥400.00		
金额大写：肆佰元整		原借款：　元	应退（补）余款：　元

财务经理：李挺　会计：叶贞　出纳：黄淑静　报销人：张超　领款人：张超

表 B-17-1

4100113140　　河南省增值税专用发票　　No.00601038

记账联　　开票日期：2019 年 12 月 14 日

购货单位	名称	中原市绿园商贸大厦	密码区	132<7805>34+13>++75*900>5+2/ 1>728/780+<23-1>-5/6/684/7>> -*34+14/-78*/6>1078<+<56>78< 01610->*+061-86<*3>757344/3>
	纳税人识别号	00047900322678		
	地址、电话	中原市高新路 63 号 0371-69567877		
	开户行及账号	中国工商银行中原市高新支行 2341 1002 0008 7788		

货物或应税劳务名称	规格型号	单位	数量	单价	金额	税率	税额
甲产品		件	350	140.00	49 000.00	13%	6 370.00
乙产品		件	260	80.00	20 800.00	13%	2 704.00
合计					¥69 800.00		¥9 074.00
价税合计（大写）		⊗柒万捌仟捌佰柒拾肆元整			（小写）¥78 874.00		

销货单位	名称	中原市威远有限责任公司	备注	
	纳税人识别号	000425801556826		
	地址、电话	中原市阳光路 88 号 0371-68994266		
	开户行及账号	中国工商银行中原市阳光路支行 6632 7785 6358 9720		

收款人：××　　复核：　　开票人：××　　销货单位（公章）：

第一联　记账联　销货方记账凭证

表 B-17-2

中国工商银行收款通知

2019 年 12 月 14 日

付款人	全 称	中原市绿园商贸大厦	收款人	全 称	中原市威远有限责任公司	此联是收款人开户银行交给收款人的收款通知
	账 号	0000 6310 3652 5632		账 号	6632 7785 6358 9720	
	开户银行	中国工商银行中原市高新分行		开户银行	中国工商银行中原市阳光路支行	

金额	人民币（大写）柒万捌仟捌佰柒拾肆元整	十	万	仟	佰	十	元	角	分
		¥	7	8	8	7	4	0	0

上列款项已代转账，如有错误，持此联来面洽谈。

2019 年 12 月 14 日

上列款项已照收无误
证件名称
证件号码

收款单位盖章
2019 年 12 月 14 日

（中国工商银行中原分行 阳光路支行 2019 年 12 月 14 日 转讫）

收款人开户银行签章

表 B-17-3

产品出库单

NO：20191218

收货单位（地址）：				出库日期：	年 月 日	
产品编号	产品名称	规格型号	单位	数量	备注	

仓库主管： 　　发货人： 　　送货人： 　　收货人：

表 B-18-1

低值易耗品领用表

2019 年 12 月 16 日

领用车间	领 发 数 量			金 额
或部门	工具（套）	清洁用具（套）		
生产车间	10	15		500
合计	10	15		¥500

发料人：周海　　　　　　　　　　　领料人：张英

表 B-19-1

付款申请书

2019 年 12 月 16 日

用途及情况	金额									收款单位：中原市希望工程办事处
向贫困小学捐款	千	百	十	万	千	百	十	元	角	分	账号：6111 4498 5611 3213
				¥	5	0	0	0	0	0	开户行：中行建设路支行
金额大写	⊗伍仟元整										电汇：　转账：√　汇票：　其他：
总经理	张 浩			财务经理		李 挺		部门主管		李 政
				会 计		叶 贞		经办人		王 文

表 B-19-2

```
中国工商银行转账支票存根

支票号码 0032623

  科   目 _____

  对方科目 _____

  出票日期   2019 年 12 月 16 日

 ┌─────────────────────────┐
 │ 收款人：中原市希望工程办事处 │
 │ 金  额：¥5 000.00          │
 │ 用  途：贫困小学捐款        │
 └─────────────────────────┘
   单位主管      会计
```

表 B-19-3

希望工程捐款收据
希望工程基金会捐款专用

2019 年 12 月 16 日

今收到：中原市威远有限责任公司 希望工程捐款

金额（大写）伍仟元整　　　　　　　（¥5 000.00）

希望工程基金会（章）　　复核：王力　　　　制单：许海

表 B-20-1

付款申请书

2019 年 12 月 18 日

用途及情况	金额										收款单位：工商银行阳光路支行
归还短期借款及利息	千	百	十	万	千	百	十	元	角	分	账号：6311 2222 5671 8219
				¥5	0	2	8	0	0	0	开户行：中行建设路支行
金额大写	※伍万零贰佰捌拾元整										电汇： 转账：√ 汇票： 其他：
总经理	张 浩			财务经理			李 挺		部门主管		黄淑静
				会 计			叶 贞		经办人		黄淑静

表 B-20-2

中国工商银行转账支票存根

支票号码 0032624

科　目 _____

对方科目 _____

出票日期　2019 年 12 月 18 日

收款人：中国工商银行中原市
　　　　阳光路支行

金　额：¥50 280.00

用　途：归还短期借款及利息

单位主管　　会计

表 B-21-1

付款申请书

2019 年 12 月 19 日

用途及情况	金额										收款单位：中原市宏宇机械有限公司
支付机器设备款	千	百	十	万	千	百	十	元	角	分	账号：0000 3596 4210 7342
			¥	1	0	1	7	0	0	0	开户行：中国建设银行中原梧桐路支行
金额大写	⊗壹拾万壹仟柒佰元整										电汇： 转账：√ 汇票： 其他：
总经理	张 浩			财务经理			李 挺			部门主管	王 建
				会 计			叶 贞			经办人	张 红

表 B-21-2

中国工商银行转账支票存根

支票号码 0032625

科　　目 _____

对方科目 _____

出票日期　2019 年 12 月 19 日

收款人：中原市宏宇机械有限公司

金　　额：¥101 700.00

用　　途：购入设备

单位主管　　会计

表 B-21-3

河南省增值税专用发票

4100113140　　　　　　　　　　　　　　　　　　　　NO.00606132

发票联　　　　　　开票日期：2019 年 12 月 19 日

购货单位	名　　称：中原市威远有限责任公司 纳税人识别号：000425801556826 地址、电话：中原市阳光路 88 号　0371-68994266 开户行及账号：中国工商银行中原市阳光路支行 　　　　　　　6632 7785 6358 9720	密码区	+13>++75*900>132<7805>345+2/ +<23-106>84>-5/6/1>728/78/7> 1078<+<56>78<-*34+14/-78*/6> *+061-86<*3>757344/3>01610->

货物或应税劳务名称	规格型号	单位	数量	单价	金额	税率	税额
T2258 压缩机		台	1	90 000.00	90 000.00	13%	11 700.00
合计					¥90 000.00		¥11 700.00

价税合计（大写）	⊗壹拾万壹仟柒佰元整	（小写）¥101 700.00

销货单位	名　　称：中原市宏宇机械有限公司 纳税人识别号：0003645121168 地址、电话：中原市梧桐路 56 号　0371-67856357 开户行及账号：中国建设银行中原梧桐路支行 　　　　　　　0000 3596 4210 7342	备注	（中原市宏宇机械有限公司 0003645121168 发票专用章）

收款人：×× 　　　复　核：　　　开票人：×× 　　　销货单位（公章）：

表 B-21-4

固定资产验收单

设备名称	T2258 压缩机	设备来源	中原市宏宇机械有限公司	取得原因	购买
原　值	90 000.00	已提折旧		折旧率	0.4%
数　量	一台	生产厂家	中原市宏宇机械有限公司	使用部门	车间
使用寿命	10 年	验收日期	2019 年 12 月 19 日		

表 B-22-1

```
中国工商银行转账支票存根
支票号码 0032628
科  目ˍˍˍˍˍˍˍˍˍˍˍˍˍ
对方科目ˍˍˍˍˍˍˍˍˍˍˍˍˍ
出票日期  2019 年 12 月 19 日
收款人：中原市威远有限责任公司
金  额：¥38 000.00
用  途：发放工资
单位主管      会计
```

表 B-22-2

中国工商银行进账单（收账通知）

2019 年 12 月 19 日　　　　　　　　　　　　No.3658926

出票人	全称	中原市威远有限责任公司	收款人	全称	批量代发（扣）专户
	账号	6632 7785 6358 9720		账号	10005740008
	开户银行	中国工商银行中原市阳光路支行		开户银行	中国工商银行中原市阳光路支行

金额	人民币（大写）叁万捌仟元整	十万	万	千	百	十	元	角	分
		¥	3	8	0	0	0	0	0

票据种类	转账支票
票据张数	正联一张

中国工商银行中原分行 阳光路支行
2019 年 12 月 19 日
转

复核　　记账　　　　　　　　　收款人开户银行签章

此联是持票人开户银行给收款人的收款通知

表 B-23-1

无形资产费用分配表

2019 年 12 月 20 日

项目	无形资产		
车间、部门	实际支付	分摊期	本期摊销
生产车间			
厂部			1 000
合计			¥1 000

表 B-24-1

中国工商银行进账单（收账通知）

2019 年 12 月 21 日　　　　　　　　　　　　　　No.3658941

出票人	全 称	天安市光明公司	收款人	全 称	中原市威远有限责任公司	此联是持票人开户银行给收款人的收款通知
	账 号	0022631036525680		账 号	6632 7785 6358 9720	
	开户银行	中国工商银行天安市未来路分行		开户银行	中国工商银行中原市阳光路支行	
金额	人民币（大写）捌仟伍佰元整		十万	千 百 十 元 角 分		
			¥	8 5 0 0 0 0		
票据种类	商业承兑汇票					
票据张数	正联一张					

（盖章：中国工商银行中原分行 阳光路支行 2019年12月21日 转讫）

复核　　记账　　　　　　　　　　　收款人开户银行签章

表 B-25-1

付款申请书

2019 年 12 月 23 日

用途及情况	金额										收款单位：天津宇景科技有限公司
购买非专利技术	千	百	十	万	千	百	十	元	角	分	账号：6666 3569 2218 1946
				¥2	1	2	0	0	0	0	开户行：中国建设银行中原工人路支行
金额大写	※贰万壹仟贰佰元整										电汇：　转账：√　汇票：　其他：
总经理	张 浩		财务经理		李 挺			部门主管			王 建
			会计		叶 贞			经办人			张 红

表 B-25-2

中国工商银行转账支票存根

支票号码 0032627

科　　目＿＿＿＿＿＿＿＿＿

对方科目＿＿＿＿＿＿＿＿＿

出票日期　2019 年 12 月 23 日

收款人：天津宇景科技有限公司

金　额：¥21 200.00

用　途：购买非专利技术

单位主管　　　会计

表 B-25-3

无形资产验收单

资产名称	产品断电自保护技术	资产来源	天津宇景科技有限公司	取得原因	购买
原　值	20 000.00	已提折旧		折旧率	
数　量	一项	生产厂家	天津宇景科技有限公司	使用部门	车间
使用寿命	5 年	验收日期	2019 年 12 月 23 日		

表 B-25-4

1300053110

天津市增值税专用发票

No.02995606

发票联

开票日期：2019年12月23日

购货单位	名　　称：中原市威远有限责任公司 纳税人识别号：000425801556826 地址、电话：中原市阳光路88号 0371-68994266 开户行及账号：中国工商银行中原市阳光路支行 　　　　　　6632 7785 6358 9720	密码区	344/3>01610->*+061-86<*3>757 -5/6/1>728/78/7>+<23-106>84> 78<-*34+14/-78*/6>1078<+<56> 900>132+13>++75*<7805>345+2/

货物或应税劳务名称	规格型号	单位	数量	单价	金额	税率	税额
产品断电自保护技术				20 000.00	20 000.00	6%	1 200.00
合计					¥20 000.00		¥1 200.00
价税合计（大写）	⊗贰万壹仟贰佰元整				（小写）¥21 200.00		

销货单位	名　　称：天津宇景科技有限公司 纳税人识别号：050045890101234 地址、电话：天津市航海路16号 022-73829512 开户行及账号：中国工商银行天津市航海路支行 　　　　　　6982 3400 7836 0943	备注	

收款人：　　　　　复　核：　　　　　开票人：××　　　　　销货单位（公章）：

第三联　发票联　购货方记账凭证

表 B-26-1

4100113140　　河南省增值税专用发票　　No.00601039

记账联　　开票日期：2019 年 12 月 24 日

购货单位	名　　称：中原市绿园商贸大厦 纳税人识别号：000479003227856 地址、电话：中原市高新路 63 号 0371-69567877 开户行及账号：中国工商银行中原市高新支行 　　　　　　　　2341 1002 0008 7788	密码区	900-*88+14/-78*/6>1078<+<56> +75*<7805>345+2/900>132+13>+ *+061-86<*344/3>01610->3>757 -5/726/1>8/78/7>+<23-106>84>

货物或应税劳务名称	规格型号	单位	数量	单价	金额	税率	税额
甲产品		件	400	140.00	56 000.00	13%	7 280.00
乙产品		件	300	80.00	24 000.00	13%	3 120.00
合计					¥80 000.00		¥10 400.00

价税合计（大写）　⊗玖万零肆佰元整　　　（小写）¥90 400.00

销货单位	名　　称：中原市威远有限责任公司 纳税人识别号：000425801556826 地址、电话：中原市阳光路 88 号 0371-68994266 开户行及账号：中国工商银行中原市阳光路支行 　　　　　　　　6632 7785 6358 9720	备注	（中原市威远有限责任公司 000425801556826 发票专用章）

收款人：　　复　核：　　开票人：××　　销货单位（公章）：

表 B-26-2

产品出库单

NO：20191221

收货单位（地址）：				出库日期：	年　月　日
产品编号	产品名称	规格型号	单位	数量	备注

仓库主管：　　发货人：　　送货人：　　收货人：

表 B-27-1

中原市服务业专用发票

单位（姓名）：中原市威远有限责任公司　　2019年12月26日　　郑地税 乙3　　NO.0032147

服务项目	单位	数量	单价	金额								
				百	十	万	千	百	十	元	角	分
材料装订费									6	0	0	0
小写金额合计								¥	6	0	0	0
大写金额	人民币⊕佰⊕拾⊕万⊕仟⊕佰陆拾零元零角零分											

第二联 发票联

现金收讫

收款单位（盖章）发票专用章　　开票人：钱浩洋　　　　收款人：苏丽

表 B-28-1

中国工商银行收款通知

2019 年 12 月 27 日

付款人	全称	中原市浩宇有限责任公司	收款人	全称	中原市威远有限责任公司							
	账号	6678 3498 9009 7854		账号	6632 7785 6358 9720							
	开户银行	中国工商银行中原市高原分行		开户银行	中国工商银行中原市阳光路支行							
金额	人民币（大写）贰万元整				十	万	千	百	十	元	角	分
					¥	2	0	0	0	0	0	0

上列款项已代转账，如有错误，持此联来面洽谈。

2019 年 12 月 27 日

上列款项已照收无误
证件名称
证件号码

收款单位盖章
2019 年 12 月 27 日

中国工商银行中原分行 阳光路支行
2019 年 12 月 27 日 转讫

收款人开户银行签章

此联是收款人开户银行交给收款人的收款通知

表 B-29-1

固定资产折旧计算表

2019 年 12 月 28 日

部 门	应计提折旧的固定资产原价	月折旧率	本月折旧额
生产车间	2 175 000	0.4%	8 700
厂部	1 742 000	0.4%	6 968
合 计	3 917 000		¥15 668

财务主管：赵平　　　　　　　审核：周磊　　　　　制单：刘丽

表 B-30-1

付款申请书

2019 年 12 月 31 日

用途及情况	金额										收款单位：中原市供电局
支付电费	千	百	十	万	千	百	十	元	角	分	账号：6666 3569 2218 8897
				¥	3	3	9	0	0	0	开户行：中国建设银行中原工人路支行
金额大写	⊗叁仟肆佰捌拾元整										电汇：　转账：√　汇票：　其他：
总经理	张 浩		财务经理			李 挺			部门主管		黄淑静
			会 计			叶 贞			经办人		黄淑静

表 B-30-2

中国工商银行转账支票存根

支票号码 0032628

科　目 _____

对方科目 _____

出票日期　2019 年 12 月 31 日

收款人：中原市供电局

金　额：¥3 390.00

用　途：支付电费

单位主管　　　会计

表 B-30-3

4100144110 　　　　**河南省增值税专用发票**　　　　 No.00381075

发 票 联　　　　　　　　　　　　　　开票日期：2019 年 12 月 31 日

购货单位	名　　　称：中原市威远有限责任公司 纳税人识别号：000425801556826 地址、电话：中原市阳光路 88 号 0371-68994266 开户行及账号：中国工商银行中原市阳光路支行 　　　　　　　　6632 7785 6358 9720	密码区	+2+2*1*7*<9+8+>50849/ /表 B-8399>226282*45*317　加密原本号：01 -4059/9/+0/573904*<70　　2200024140 8+5>*/<>>2-7*2<82>>+5　　03132868

货物或应税劳务名称	规格型号	单位	数量	单价	金　额	税率	税额
工业用电		度	3 000	1.00	3 000.00	13%	390.00
合　　计					¥3 000.00		¥390.00

价税合计（大写）	⊗叁仟叁佰玖拾元整	（小写）¥3 390.00

销货单位	名　　　称：中原市供电公司 纳税人识别号：240120003180545 地址、电话：中原市文化路 11 号 0371-63425533 开户行及账号：中国建设银行中原市文化路支行 　　　　　　　　6634 4382 3556 3211	备注	（中原市供电 2401200 03180545 发票专用章）

收款人：××　　　　复核：　　　　开票人：××　　　　销货单位：（章）

第三联　发票联　购货方记账凭证

表 B-30-4

电费使用分配表

2019 年 12 月 31 日

部　　门	电表读数（度）	单价	金额
生产车间——甲产品	2 480	0.5	1 240
——乙产品	1 720	0.5	860
生产车间一般耗用	800	0.5	400
行政管理部门	1 000	0.5	500
合　　计	6 000		¥3 000

财务主管：　　　　审核：　　　　制单：张宁

表 B-31-1

工资费用分配表

年　月　日

分配部门		生产工时	分配率	分配金额	应计金额
基本生产车间	甲产品				
	乙产品				
	小　计				
车间管理人员					
行政管理人员					
专设销售机构					
合　计					

财务主管：　　　　　　审核：　　　　　　制单：

表 B-32-1

工会经费及职工教育经费计提表

年　月　日　　　　　　　　　　　　　单位：元

项　目	计提基数	提取比例（%）	应提数额
工会经费			
职工教育费			
合　计			

财务主管：　　　　　　审核：　　　　　　制单：

表 B-33-1

领　料　单

领用单位：生产车间

用　途：生产甲产品　　2019 年 12 月 01 日　　　　　　编号：021

材料名称	规格型号	单位	数量		备注
			请领	实发	
A 材料		千克	1 600	1 600	
B 材料		千克	900	900	
合计					

仓库主管：　　　　　记账：　　　　　发料：黄桂英　　　　　领料：王洪

表 B-33-2

领 料 单

领用单位：生产车间

用　　途：生产乙产品　　　2019 年 12 月 01 日　　　编号：022

材料名称	规格型号	单位	数量		备注
			请领	实发	
A 材料		千克	1 000	1 000	
B 材料		千克	650	650	
合计					

仓库主管：　　　　记账：　　　　发料：黄桂英　　　　领料：李婷

表 B-33-3

领 料 单

领用单位：生产车间

用　　途：生产甲产品　　　2019 年 12 月 12 日　　　编号：023

材料名称	规格型号	单位	数量		备注
			请领	实发	
A 材料		千克	800	800	
B 材料		千克	500	500	
合计					

仓库主管：　　　　记账：　　　　发料：黄桂英　　　　领料：王洪

表 B-33-4

领 料 单

领用单位：生产车间

用　　途：生产乙产品　　　2019 年 12 月 12 日　　　编号：024

材料名称	规格型号	单位	数量		备注
			请领	实发	
A 材料		千克	600	600	
B 材料		千克	450	450	
合计					

仓库主管：　　　　记账：　　　　发料：黄桂英　　　　领料：李婷

表 B-33-5

领 料 单

领用单位：生产车间

用　　途：一般耗用　　　　2019 年 12 月 22 日　　　　　　　编号：025

材料名称	规格型号	单位	数量		备注
			请领	实发	
B 材料		千克	50	50	
合计					

仓库主管：　　　　　　记账：　　　　　　发料：黄桂英　　　　　　领料：丁辉

表 B-33-6

领料凭证汇总表

2019 年 12 月 31 日

项目	A 材料			B 材料			合计
	数量	单价	金额	数量	单价	金额	
生产产品耗用							
其中：甲产品							
乙产品							
生产车间一般耗用							
行政管理部门耗用							
合计							

表 B-34-1

制造费用分配表

　　　　　　　　　　　　　　年　　月　　日　　　　　　　　　　　单位：元

产品名称	生产工时	分配率	分配额
甲产品			
乙产品			
合　计			

财务主管：　　　　　　审核：　　　　　　制单：

表 B-35-1

产量情况统计表

2019 年 12 月 31 日　　　　　　　　　　　　　　　　　　　　单位：台

产品名称	月初在产品	本月投产	本月完工	月末在产品	在产品完工程度	备注
甲产品	0	700	600	100	50%	
乙产品	0	900	700	200	50%	

审核：李丽平　　　　　　　　　　　　　　　　　　　制表：李威

表 B-35-2

产品成本计算单

产品名称：甲产品　　　　　　年　　月　　日　　　　　完工产品：

月末在产品：

成本项目	直接材料	直接人工	制造费用	合计
月初在产品成本				
本月生产费用				
合计				
约当总产量				
单位成本				
完工产品成本				
月末在产品成本				

审核：　　　　　　　　　　　　　　　　　　　　　　制表：

表 B-35-3

产品成本计算单

产品名称：乙产品　　　　　　年　　月　　日　　　　　完工产品：

月末在产品：

成本项目	直接材料	直接人工	制造费用	合计
月初在产品成本				
本月生产成本				
合计				
约当总产量				
单位成本				
完工产品成本				
月末在产品成本				

审核：　　　　　　　　　　　　　　　　　　　　　　制表：

表 B-35-4

产成品入库单

年　月　日

产品名称	数量	单价	金额
甲产品			
乙产品			
合计			

保管：　　　　　　　验收：　　　　　　送验人：

表 B-36-1

产品销售成本计算表

年　月　日　　　　　　　　　　　　　　　　单位：元

产品名称	销售数量	单位成本	总成本
甲产品			
乙产品			
合计			

财务主管：　　　　　　审核：　　　　　　制单：

表 B-37-1

应交增值税计算表（简化表）

年　月　日　　　　　　　　　　　　　　　　单位：元

项目			销售额	税额	备注
销项	应税货物	货物名称	适用税率		
		小　计			
	应税劳务				
进项	本期进项税额发生额				
	上期期末未交数（多交或未抵扣数用负号）				
	应纳税额				

表 B-38-1

税金及附加计提表

年　月　日　　　　　　　　　　　　　　　　　　单位：元

名　称	计税依据	税　率	税　额
城市维护建设税		7%	
教育费附加		3%	
合　计			

财务主管：　　　　　　复核：　　　　　　制表：

表 B-39-1（无）

表 B-40-1

企业所得税计提表

年　月　日　　　　　　　　　　　　　　　　　　单位：元

利润总额	所得税率	应交所得税

财务主管：　　　　　　复核：　　　　　　制表：

表 B-41-1（无）

表 B-42-1

盈余公积计提表

年　月　日　　　　　　　　　　　　　　　　　　单位：元

项　目	净利润	计提比例	计提金额
法定盈余公积			
任意盈余公积			
合计			

表 B-43-1

股东红利计算表
年　月　日

股东	净利润	分配比例	持股比例	分配金额
张浩		30%	60%	
王建		30%	40%	
合计				

复核：　　　　　　　　　　　　　制单：

表 B-44-1（无）

表 B-45-1

资产负债表（简表）

会企 01 表
编制单位：　　　　　　　　　年　月　日　　　　　　　　　单位：元

资　产	行数	年初数	期末数	负债及所有者权益	行数	年初数	期末数
流动资产：				流动负债：			
货币资金				短期借款			
应收票据及应收账款				应付票据及应付账款			
预付账款				预收账款			
其他应收款				应付职工薪酬			
存货				应交税费			
流动资产合计				其他应付款			
非流动资产：				流动负债合计			
长期股权投资				非流动负债：			
固定资产				长期借款			
在建工程				非流动负债合计			
无形资产				负债合计			
长期待摊费用				所有者权益：			
非流动资产合计				实收资本			
				资本公积			
				盈余公积			
				未分配利润			
				所有者权益合计			
资　产　总　计				负债及所有者权益总计			

企业负责人：　　　　　　　会计主管：　　　　　　　制表人：

表 B-46-1

利 润 表（简表）

会企02表

编制单位： 年 月 单位：元

项　目	行次	本月数	本年累计数
一、营业收入			（略）
减：营业成本			
税金及附加			
销售费用			
管理费用			
研发费用			
财务费用			
其中：利息费用			
利息收入			
资产减值损失			
加：投资收益（损失以"-"填列）			
二、营业利润（亏损以"-"填列）			
加：营业外收入			
减：营业外支出			
三、利润总额（亏损总额以"-"填列）			
减：所得税费用			
四、净利润（净亏损以"-"填列）			
五、每股收益			